コウケンテツの
日本100年ゴハン紀行

千葉 房総半島　岩手 三陸・遠野

NHK「コウケンテツの日本100年ゴハン紀行」制作班

中央公論新社

はじめに

旅に出ると、その土地の食が気になります。

アジアを皮切りに15年ほどかけて進めてきた僕の食の旅は、ヨーロッパを経て、日本の各地をめぐる旅に行き着きました。

テーマは「100年先まで残したい日本の食」。

僕たちは日本に住みながら、意外と日本のことを知りません。僕も実際に各地を歩いてみて、知らなかった食材がこれほどあるものかと驚き、その地域だけで食べられてきた料理とめぐりあい、そのたびに感動しています。

現地へ行くと、料理や食文化にその土地の歴史や文化、人の思いなどたくさんのものが積み重ねられていることがわかります。さらに、生産者の方がその食材にどれほどの情熱を傾けているかも見えてきます。そこが番組の見どころです。

この旅では、料理家というよりも、誰よりも料理が好きで人と触れ合うのが大好きな一人の僕が、番組を見てくださる方と同じように食材と出会い、その食材を作る現場にいる方々と出会う姿を見ていただけたらと思います。

各地を訪ねるうちに、この旅の主役は、専門的な料理の知識よりも、生産者の方々だと思うようになりました。
この本では、僕が100年先の未来まで続いてほしいと願う食とともに、番組の放送では時間の関係で伝えきれなかった、それぞれの地域で暮らしている方々の魅力も感じとっていただければと思います。

コウケンテツ

コウケンテツ／プロフィール
1974年、大阪府生まれ。旬の素材を生かした手軽でおいしい家庭料理を提案し、テレビ、雑誌、講演など多方面で活躍中。また、三児の父親としての経験から、親子の食育、男性の家事・育児参加、食を通してコミュニケーションを広げる活動にも力を入れている。2020年に開設したYouTube公式チャンネル「Koh Kentetsu Kitchen」は登録者数180万人（2023年6月現在）を突破。使いやすい食材と定番の調味料で作る一皿を、ワンポイントを添えて紹介している。

「コウケンテツの日本100年ゴハン紀行」とは

飾らない人柄と、手軽でアイデアに満ちた料理で人気の料理研究家コウケンテツさんが、「100年先まで残したい日本の食」を探して、日本全国を旅する紀行番組。NHK BSでの放送は4年目を迎えました。

コウさんはこの番組で、四季折々の豊かな自然が育む食材を追いかけ、地産地消の味と出会います。また、もうひとつの見どころは、こだわりの生産者や料理人、食のイノベーターなど、日本の食を支え、食の未来を豊かにしようと奮闘するみなさんとの出会い。お話に耳を傾けるとき、あたたかみのある人柄があふれます。

土地の気候風土と、名人たちの手で育まれるかけがえのない味や食文化に触れ、コウさんは旅で生まれたアイデアをとっておきの一皿に凝縮。現地でオリジナルの料理を作り、地域のみなさんにふるまいます。

コウケンテツさんと一緒に、季節がめぐるごとに魅力あふれる日本のゴハンを追いかけて、旅へ出かけませんか。未来へ伝えたい味を見つけに。

番組制作班

本書の見どころガイド

❶ 100年先まで伝えたい日本の食

100年ゴハン file

❷ 愛され続けるご当地の味

❸ 地域No.1を誇る食材と出会う

No.1食材

❹ 食の未来を豊かにしようと頑張る
魅力的な人たちとのご縁

❺ 地元食材の魅力を一皿に
コウケンテツ まごころレシピ

目次

岩手 三陸・遠野

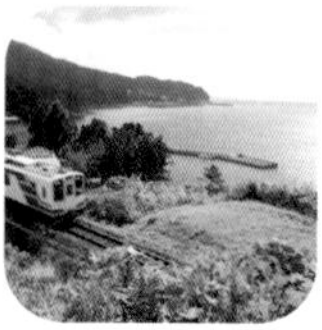
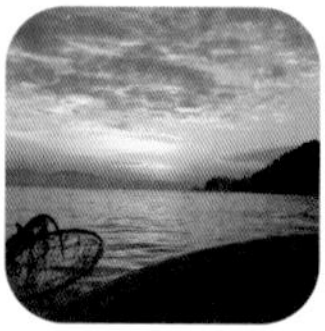
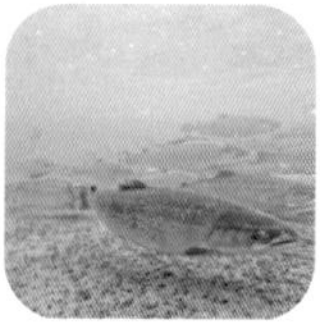
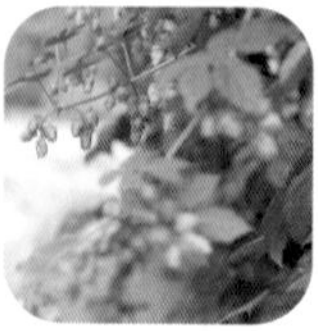

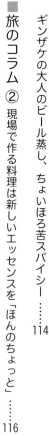

レシピ
Recipe Page

100年ゴハン file／No.1 食材

コウケンテツ まごころレシピ

100年ゴハン
file

菜の花の絨毯、豊かな海

千葉　房総半島

世界を旅してさまざまな食材と出会い、
料理をするコウケンテツさんが、
100年先まで残したい、
日本のゴハンを訪ねて
早春の房総半島をめぐります。

菜の花の絨毯《じゅうたん》が広がるいすみ鉄道から
勝浦漁港、九十九里浜、南房総を巡り
太平洋に突き出た銚子半島へ。
温暖な気候と肥沃な大地、豊かな海――。

房総の自然環境から生まれる食材との
出会いが待っています。
千葉は何度も訪れているコウさん。
でも、あまりに身近すぎて、
気づかないことがたくさんありました。
房総のイメージががらりと変わるほどの
衝撃の出会いがいくつも登場します。

コウさんの笑顔と一緒に
房総の旅に出かけましょう。

ピーナッツ
落花生
香取
p.58
銚子
いわしのごま漬け
p.68
九十九里
p.64
食べるしょう油 ひしお
太巻き祭り寿司
p.18
いすみ
勝浦キンメ漁
キンメダイ
p.22

千葉 房総半島MAP
極甘
レンコン
p.72
たこめし弁当
長南町
p.16
国吉駅
いすみ
鉄道
p.14
p.36
食べられる花
菜の花畑
p.34
勝浦
鴨川
朝市
p.26
南房総
近代酪農
発祥の地
p.42
館山
チッコ
カタメターノ
p.44
勝浦
タンタンメン
p.30

旅の始まり

いすみ鉄道、春を走る

いすみ鉄道は房総半島南部を走る、たった1～2両のローカル鉄道。レトロな鉄道の旅を積極的に発信、地域の人と協力した独特の取り組みで人気を集めている路線です。毎年2月中旬から車窓に沿って菜の花が咲き始め、4月中旬までは全長26・8キロの区間のうち15キロにわたって満開の菜の花を見ることができます。

この菜の花は地元住民のみなさんによって植えられたもの。黄色の車体の列車は「菜の花列車」と呼ばれ、親しまれています。

3月。一面の菜の花と桜のコラボレーションはいすみ鉄道、春の風物詩。季節が進めば夏は渓流釣りやハイキング、秋は紅葉の養老渓谷へのアクセスとして、房総を

◉ いすみ鉄道　https://isumirail.co.jp/

走る姿に鉄道ファンならずとも心が躍ります。

　コウさんが訪ねたのは早春。電車に乗り込むとさっそく「鉄印帳」を持った乗客と出会いました。鉄印帳は、神社やお寺を参拝して御朱印をいただく御朱印帳の鉄道版。全国の地方鉄道が連携。オリジナルの「鉄印」を押しながら旅を続けていくのです。

２両編成の電車の到着です

鉄印帳

これが鉄印帳 !!

鉄印は大多喜駅で押してもらえます（税込300円）

あれーなんか
売ってはる。
行ってみよう

名物キャラのまごころ弁当

いすみの「たこめし」

国吉駅

いすみ鉄道の国吉駅でコウさんが見つけたのは、「菜の花列車」のかぶりものをかぶった弁当売りの掛須保之さん。

「これをかぶっていると、子どもたちに結構可愛いがってもらえるんです」

「めっちゃ可愛いいじゃないですか」

「中身はおじさんですけどね（笑）」

掛須さんの本業は、駅の近くにある松屋旅館のご主人。いすみ鉄道を盛り上げたいと応援団長をかってでて、もう10年も弁当売りを続けているそう。来てくれる人をもてなしたいと、地元のマダコと米を使って「たこめし」を掛須さん自ら手作りしています。

ご当地の味

子どもたちに喜ばれるので……
菜の花の100倍目立ってます

たこめし
たこめし
たこめし

◉たこめし弁当 松屋旅館 ☎ 0470-86-2011
※土日祝に国吉駅にて販売（完売次第終了）

う〜ん、タコがうまい！

「お米一粒一粒にタコの旨味がギュッと入っていますね」

「いすみは米も有名で、昔は献上米として皇室に納めていたこともあるんです」

「これは贅沢」

「こういう弁当もありますよ」

「何ですか、それは？」

「この地域で食べられている花寿司です」

「すごくきれい、芸術的ですね」

コウさんは、掛須さんの紹介で花寿司を作る保存会を訪ねることにしました。

お祭りや家族のお祝いに　いすみ

花咲く太巻き祭り寿司

100年ゴハン file.1

いすみ市を中心に伝統の味として受け継がれてきた太巻き寿司は、お正月やお祝いの席でふるまわれ、花寿司や祭り寿司とも呼ばれています。切り口に開く花の絵柄は、家庭ごとに違い、世代を重ねて伝えられてきました。

郷土料理保存会会長の安藤クニさんたちが作ってくれたのは、梅と椿と桜、そしてお祭りやお祝いの時に使う「寿」の文字が入った太巻き寿司。

改めてその切り口の美しさに感動したコウさん、太巻き寿司づくりに挑戦することに。作るのは中級者向けの「椿」です。

安藤さんの隣で手順を教わるも、切って初めて出来映えがわかるのが太巻き寿司。さて、切ってみると……。ちょっといびつにはなりましたが、初めてとしては上々です。

「見た目楽しい、口の中も楽しい。そして、おいしい。だから技術も味も伝わってきたんですね」

「小さいうちから食べているから、いったん故郷を離れても帰ってくると懐かしい味です」

安藤家でも特別な日には、太巻きが花を添えてきました。現在は、3人のお孫さんがその味を引き継いでいます。

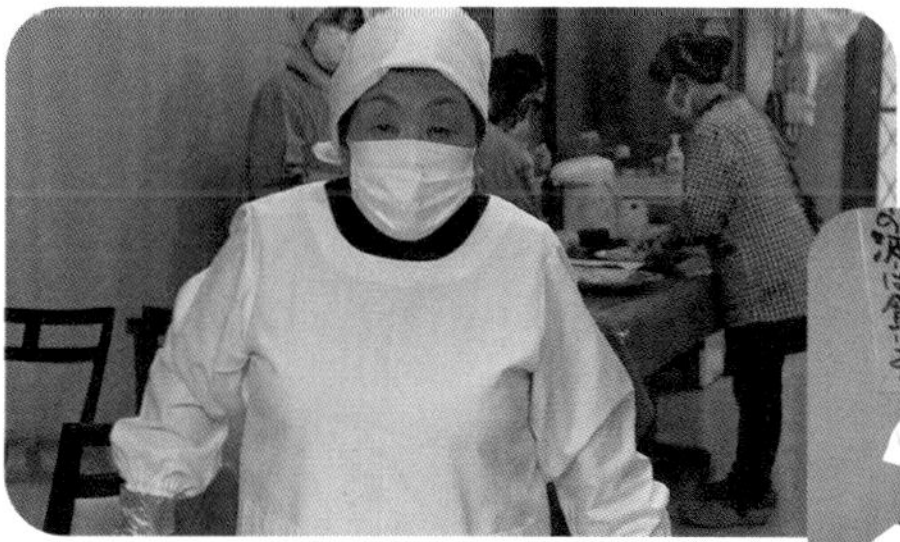

郷土料理保存会の会長
安藤クニさん

◉太巻き祭り寿司
楽働会※要予約
☎ 090-8814-5519（安藤クニ宛）

伝統の味を受け継ぐ、お孫さん

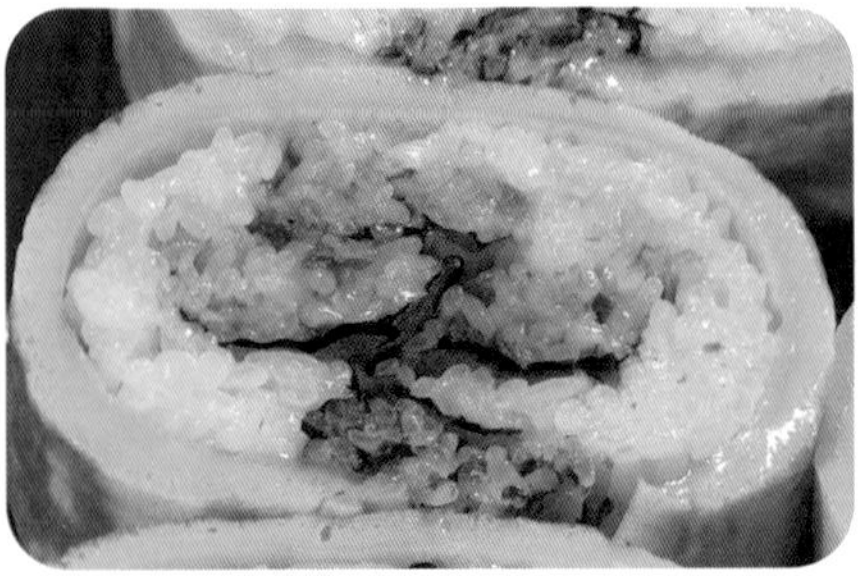

桜

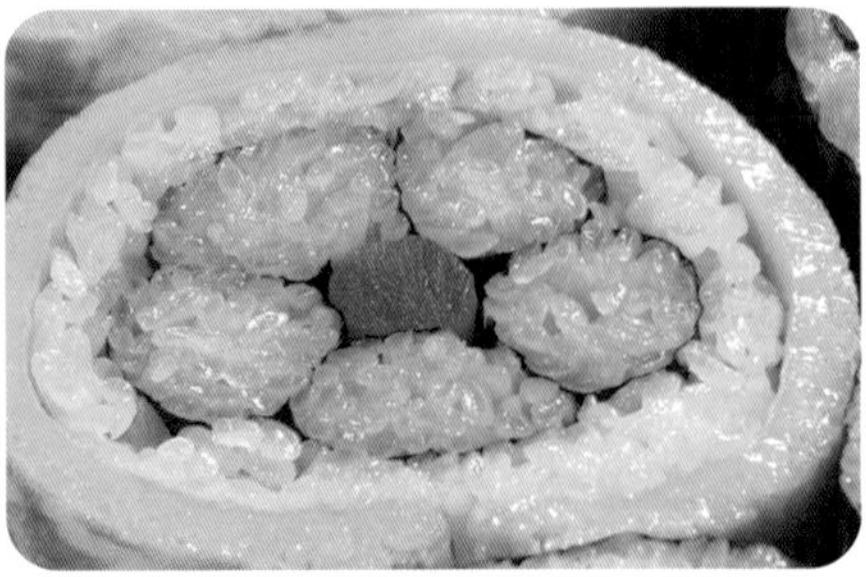

梅

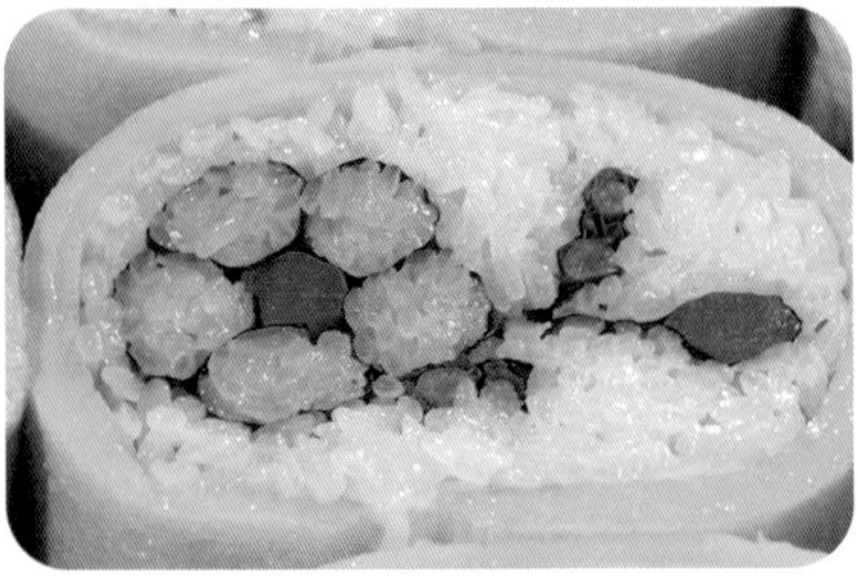

椿

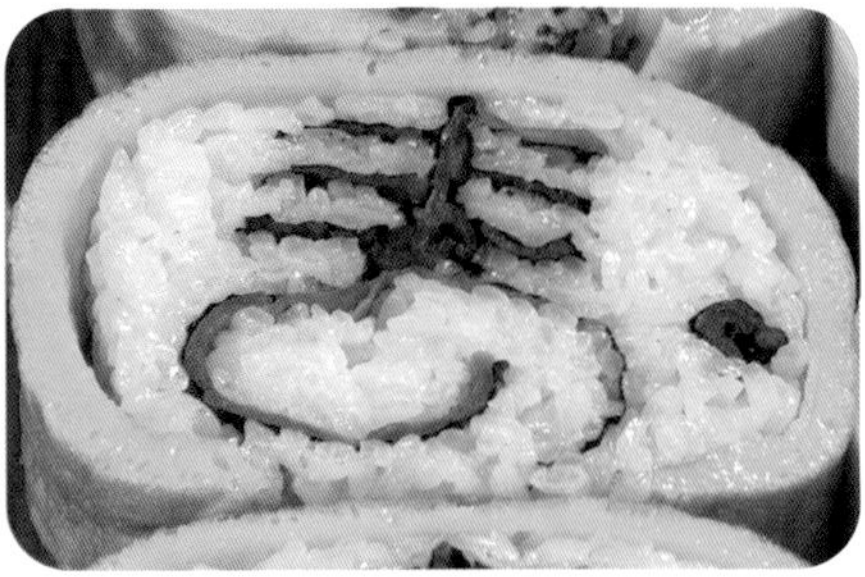

寿

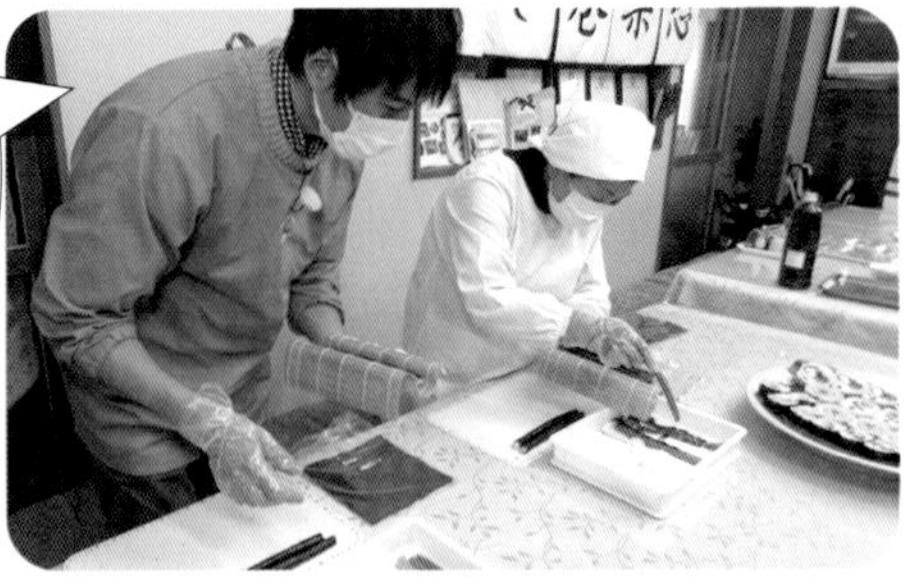
さすがに速いですね

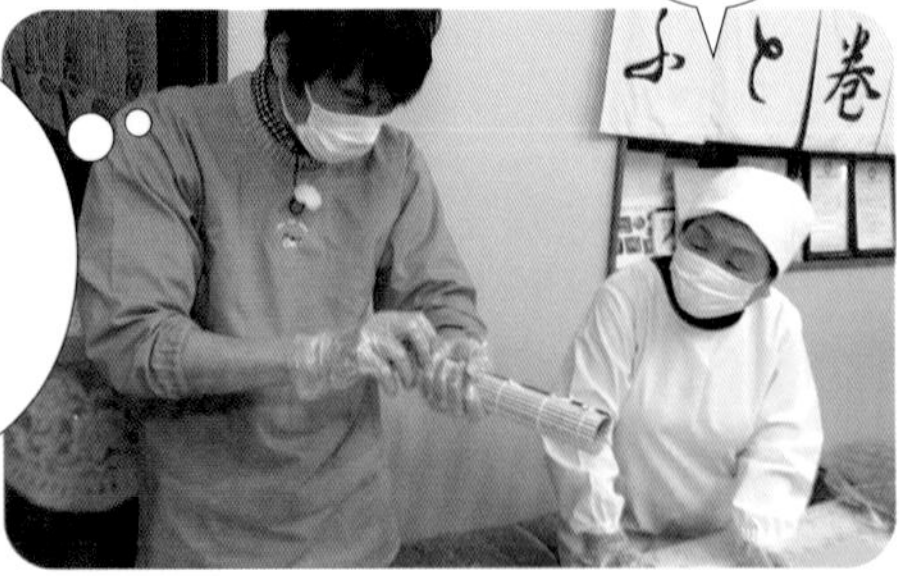
ゆっくり、慌てなくてもいいですよ
は～、もう汗が出てきました
ふと巻

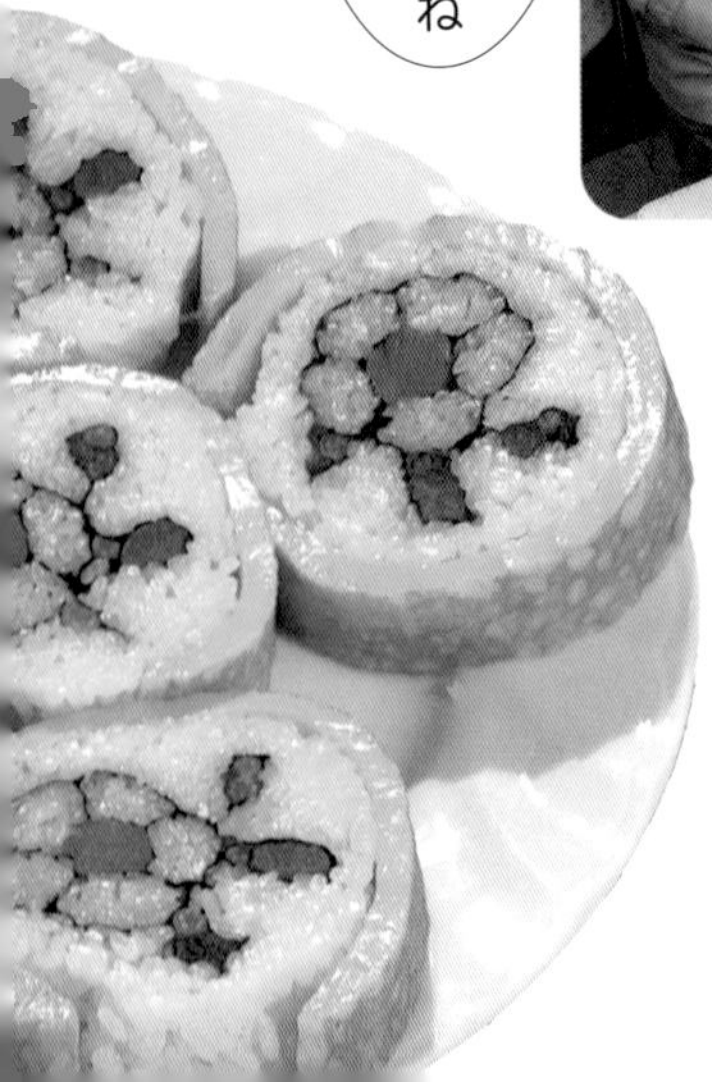

安藤家の「椿の太巻き寿司」作り方

①酢飯のピンク色は紫芋で色づけする。

②細い海苔に色を付けた酢飯を広げ、花びらになる細巻を５本作る。

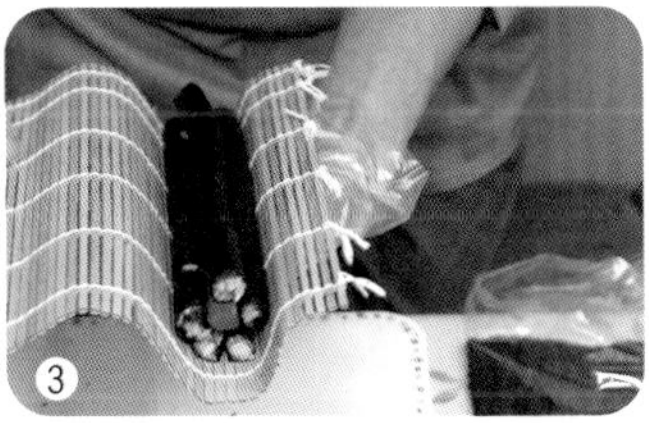

③５本の細巻（花びら）の中心に芯になるにんじんを入れて一度巻く。

④巻きすに薄焼き卵、酢飯をのせ、酢飯の「山」を３つ作る。酢飯の山の谷部分に海苔、にんじん、大根の葉を入れ、手前側に②の細巻を置く。

⑤両手で包むように巻きすを持ち上げ、そおーっと具を寄せて巻く。

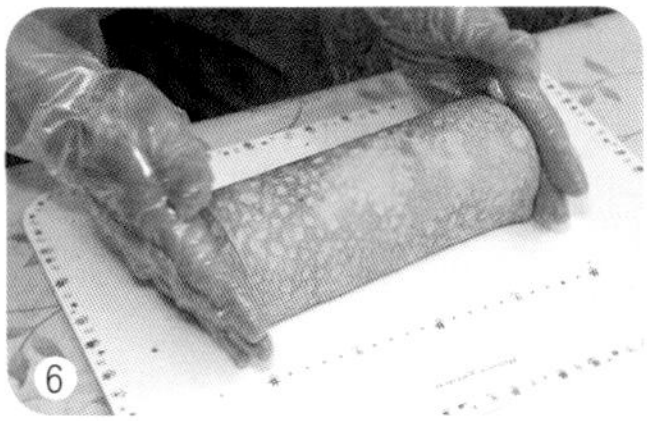

⑥まな板の上におろして、両端のばらつきを押さえ、包丁で切って完成。

ちょっと不細工なところも愛しい!!
コウさんの巻いた椿の太巻き寿司の完成！

夜明けの海でキンメダイを釣る

親子船で一匹一匹釣り上げる

勝浦

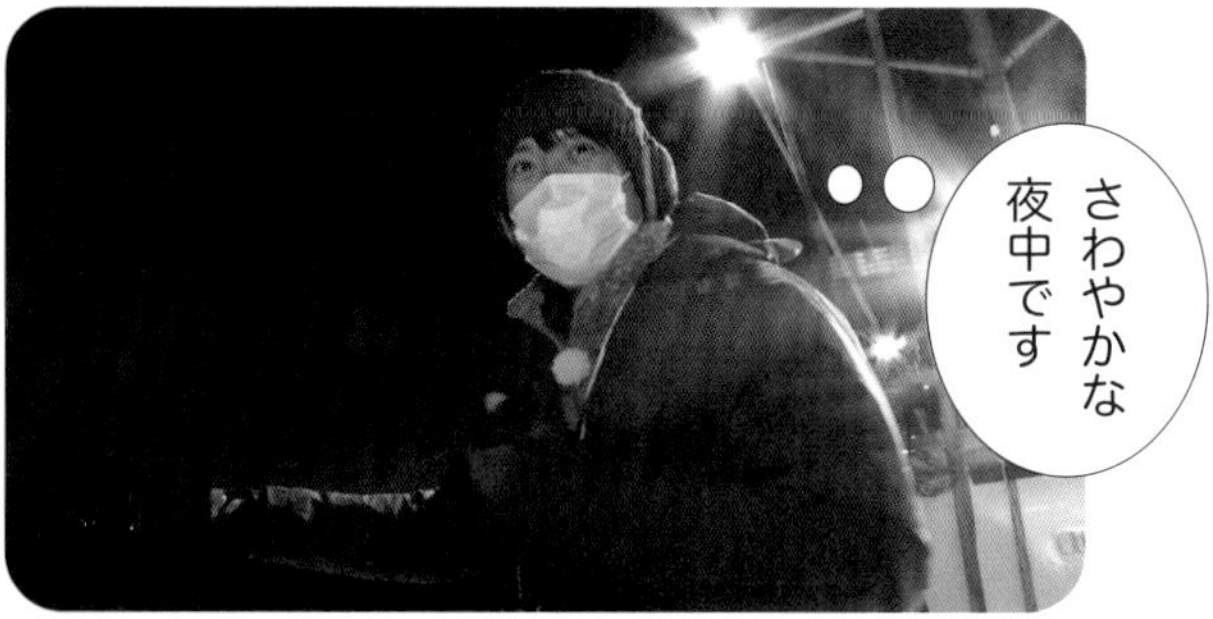

2:30 漁港へ。船は、出港の準備万端の様子
3:00 出港。漁場はおよそ20キロ沖、片道２時間ほど

漁場に到着すると、すぐに一投目を海に放つ

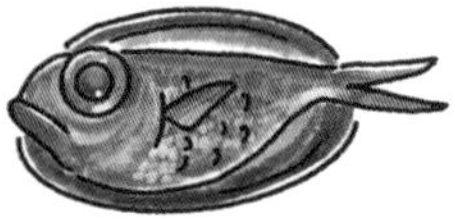

午前2時半、コウさんは勝浦川津漁港にやってきました。

乗るのは、15年以上一緒に漁をしてきた船頭の渡辺優さんと父親の清志さん親子の船。狙うは、千葉県が水揚げ量全国一位（2019年）の高級魚キンメダイです。

特に3月から5月にかけては、脂がのって最も美味しい時期。日本のキンメ漁の北限といわれる勝浦沖には、低い水温下で脂を蓄えたキンメが集まり、そこを目指し

夜が明けた頃、
キンメが次々に釣り上げられる

勝浦の市場へ

8:00 帰港

て船が繰り出していくのです。

船の操縦や漁場ポイントの見定めは、優さんがすべて担っています。釣りの仕掛けを落とすタイミングを決めるのも船頭の仕事。判断を誤れば一匹も釣れないこともあります。

午前3時に出港した船は空が白みはじめる頃、ようやく漁場へ。仕掛けを放ち、すべてを引き上げる頃にはすっかり明るくなっていました。この日に獲れたキンメは1時間で40キロほど。まずまずの収獲です。

港に戻ったのは出港から5時間後の8時。出荷されたキンメはすぐに選別され、東京の豊洲市場などに送られます。

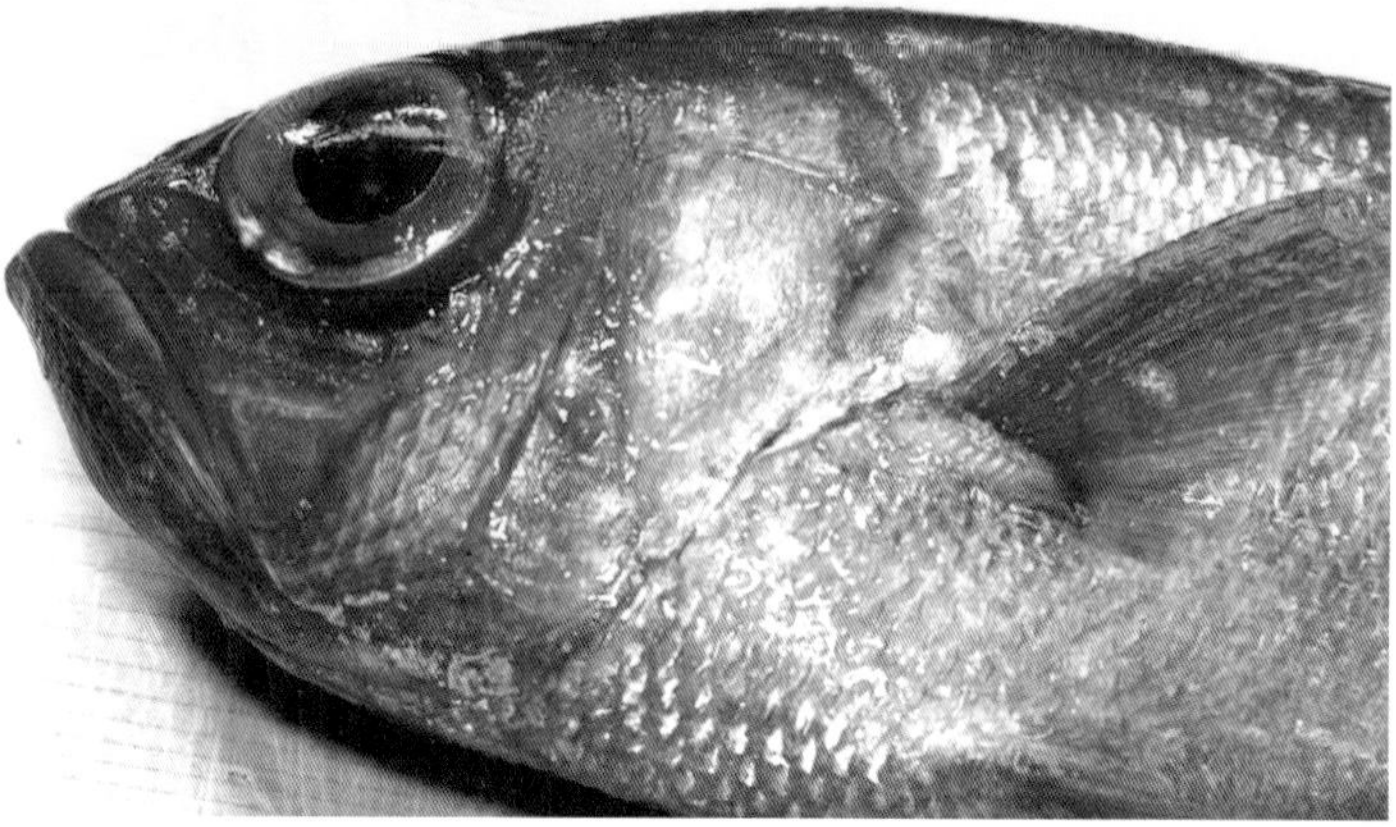

渡辺さん親子が、この日獲れたなかで一番大きな600グラムのキンメを、コウさんのために捌《さば》いてくれることになりました。

キンメの味が一番わかるという清志さんのオススメは、ガスバーナーで皮にこんがり焦げ目をつける炙《あぶ》りです。コウさんも、「炙ることで脂がトロっと溶けて、皮目は香ばしい。食べているうちに口の中の体温でもとろけていきますね」。

ところで、清志さんが息子の優さんに船頭の座を譲ったのは3年前。しかし清志さんは引退したわけではありません。今では別の中古船に乗り、親子それぞれがキンメダイを追いかけるのだとか。

「ケンカとかしないんですか?」とコウさんが聞くと、「イライラするときもあるけど、なるべく言わないようにしてるんだ」と清志さん。「釣りたい思いは一緒なんですけど、考え方が違う。ぶつかることもあるけど、こっちも違う考えがあるんで」と優さん。

二人はこれからも一緒に、勝浦のキンメ釣りを盛り立ててくれそうです。

船頭の渡辺優さんと父親の清志さん親子

◉基吉丸　勝浦市川津漁港 ☎ 0470-73-3521

漁師親子のオススメ

キンメダイの炙り

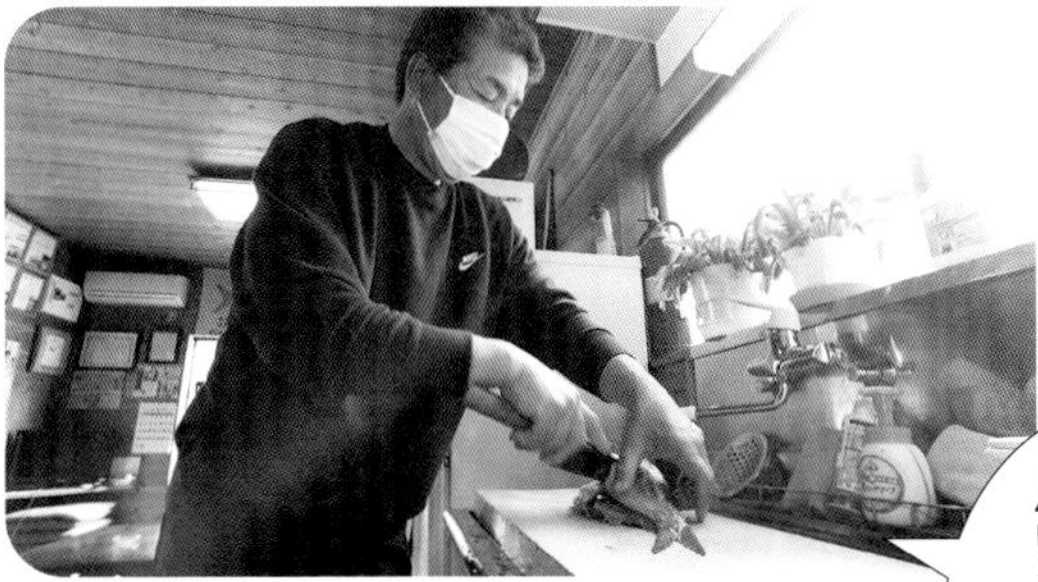

焦げ目がついて香ばしいと思いますよ

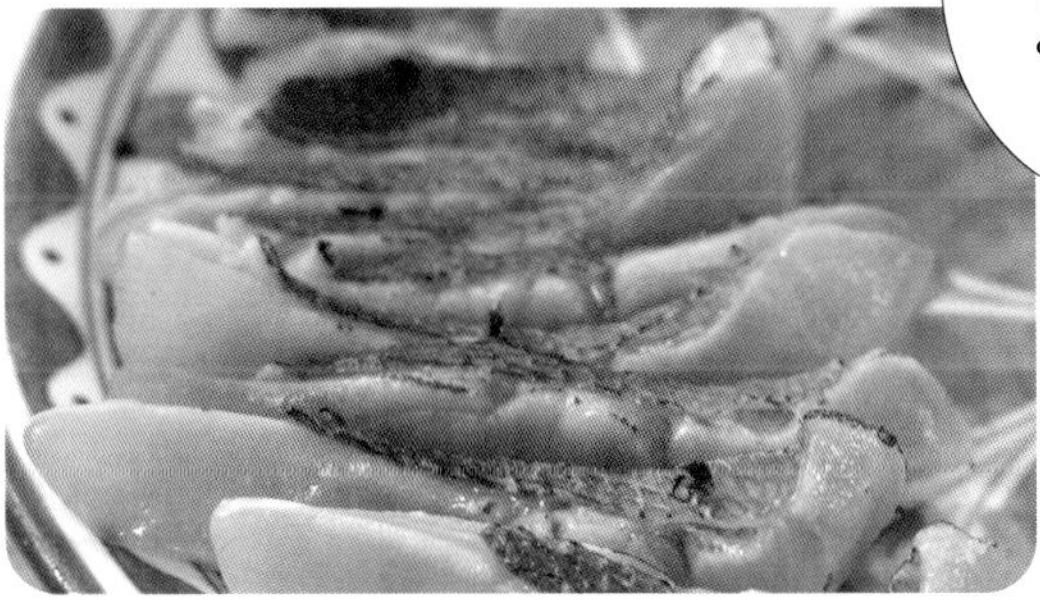

ガスバーナーで皮目をさっと炙る

勝浦のキンメ、最高です。本当に美味しいなあ

400年以上の歴史を誇る

勝浦朝市を歩く

こういう光景、
大好きですね。
ちょっと
アジアっぽく
て……

地元のとれたて野菜

勝浦漁港のすぐそばでほぼ毎日、朝6時から賑わうのは、日本3大朝市（諸説あり）の一つに数えられている勝浦朝市。多い日は70以上のお店が並びます。

アジアが大好きなコウさんは、ちょっとアジアっぽい朝市をさっそく歩き始めました。

最初に立ち止まったのは、生の天然岩のりを売るお店。店主が「この時季しかないんですよ、寒い時季じゃないとね」と勧めます。

原木栽培、生しいたけ

とれたての岩のり
この時季しか
ないですよ

天然の岩のり
ですよ、
滅多にない

天然岩のり

さらに行くと、本物のわらび粉100%の手作りのわらび餅のお店を発見。本来のわらび餅は山菜のわらびの根から取れるデンプンで作られますが、掘り出した根から取れるのはわずかな量。しかも、製造に手間暇がかかるため、最近は別のデンプンを代用して作っている場合がほとんど。本物と出会えることはめったにありません。

「わらび粉100パーなんてほとんど食べられないですよ。簡単に切れないでしょ？　この弾力が本物。しかも、このきな粉と蜜……。キタ～！　これなんですよ」とコウさんも興奮気味。

　地元のイワシを網で焼いているお母さんもいます。二人の子どもを連れた女性のお客さんは、子ど

地元の
イワシ食べ
てってー

地元のイワシ焼き

ああ、いい香り。
ひゃあー、この焼きたて
のイワシ！

もの頃からこのイワシを買って食べていたとのこと。

お母さんが、「外で食べっからおいしいのよ」というと、「違うよ、おばちゃんの声を聞いて食べっからうまいんだよ。顔はデカいわ、口はうるさいわ、声はデカいわ（笑）」と毒舌気味に返すお客さん。こんなやりとりも勝浦朝市ならではの光景です。

◉勝浦朝市
勝浦市勝浦下本町朝市通り（毎月1日～15日）
仲本町朝市通り（16日～月末）
（一般社団法人勝浦市観光協会）
https://www.katsuura-kankou.net/asaichitop/

なぜ名物に？

港の激辛タンタンメン

勝浦

ご当地の味

勝浦・タンタンメンの派手な幟《のぼり》に導かれてコウさんがたどり着いたのは、朝市に近い定食屋さん。

まだ朝7時、横浜からバイクをとばして来たというライダーと出会いました。

「タンタンメンのために来たんですか？」

「そうです。温泉にも入って」

コウさんは店に入ると、さっそく漁港の町になぜタンタンメンなのか、店員の石井玲子さんに聞いてみました。

「勝浦は船の仕事だけじゃなくて、アワビを獲る海女さんもいます。素潜りで深いところまで潜るので、すごく冷えるんです。それで、身体を温めるのに辛いタンタンメンができました。四川風の担々麺とは全然違います」

「なるほど〜」

夫の忠春さんが作るタンタンメンのスープはカツオ出汁がきいた醤油味。ラー油もたっぷり入ります。具は炒めたひき肉とニンニク、最後にさらしタマネギをたっぷりのせるのもポイントです。

勝浦とタンタンメン、あまり結びつかないけれど……

これぞ地元の味

勝浦・タンタンメン

御食事処 いしいの作り方

①たっぷりのラー油

②カツオ出汁のきいたスープ

③ほどよい硬さの麺を入れる

④炒めたひき肉・タマネギ・ニンニク

さらしタマネギをのせ、
勝浦・タンタンメンの完成

すする！　むせる！　またすする！

コウさん、朝から完食

コウさんさっそくスープをひと口すすってみます。

「いただきます、うまい！（むせる）、トウガラシが……」

勢いよく麺をすすると、「これはうまい！　スープに入ったタマネギが旨味と甘味を出す役割。トッピングのさらしタマネギ、これがシャキッとしていい。カツオがきいて、すっきりした旨味と辛味。これは朝からイケますね。クセになるかも」

コウさん、あっという間に完食です。

ご当地グルメのイベントでも優勝したことのある、勝浦が誇る「タンタンメン」を出すお店は、喫茶店から定食屋まで市内に40軒近く。コウさんが訪ねた「御食事処 いしい」は朝7時から営業しています。勝浦では魚介だけでなく、タンタンメンもお忘れなく。

これはクセになるかも……

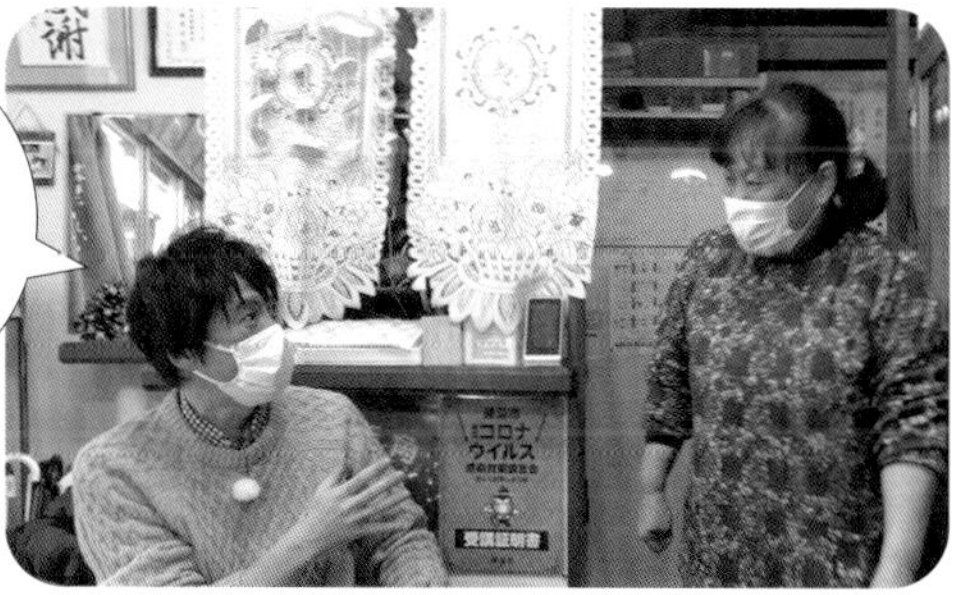
朝からでもいけますね

味のご当地自慢　勝浦・タンタンメン

タンタンメンを出すお店は勝浦市内に40軒近くも。醤油スープにラー油をたっぷりきかせるのが勝浦流。具材はタマネギとひき肉を中心に、ニンニク、ニラ、ネギ入りも。

◉御食事処 いしい
勝浦市勝浦１５９
☎ 0470-73-7153（水曜定休）

◉魚祭
勝浦市墨名２５８
☎ 0470-73-1331（定休なし）

◉ニュー福屋
勝浦市墨名７１９
☎ 0470-73-5128（月・水曜定休）

陽春の光を受けて

菜の花畑をぶらぶら

南房総

No.1食材

「すごくたくさんのハチが働いているんですね」

「ミツバチです。いっぱいいますよ」

1年を通して温暖な千葉県南部の南房総市で、コウさんが声をかけたのは、畑で作業中の菜花農家・御子神昭則さん。

県花でもある「菜の花」の生産量は千葉県が全国第一位。温暖な南房総では1月から食用菜花の収穫が始まり、最盛期は2月から3月。この時期、御子神さんは月に50トン以上も出荷しているそうです。

「これはどういう品種でしょうか」

「〝栄華〟と言います。ほかには早生《わせ》の〝京の春〟、中手《なかて》では〝栄華〟と〝華の舞〟など、全部で6品種を作っています」

「華やいだ名前ばかりですね」

「そうですね、春らしくて。菜の花と春と、追いかけっこなんです。育つ、採る。育つ、採る」

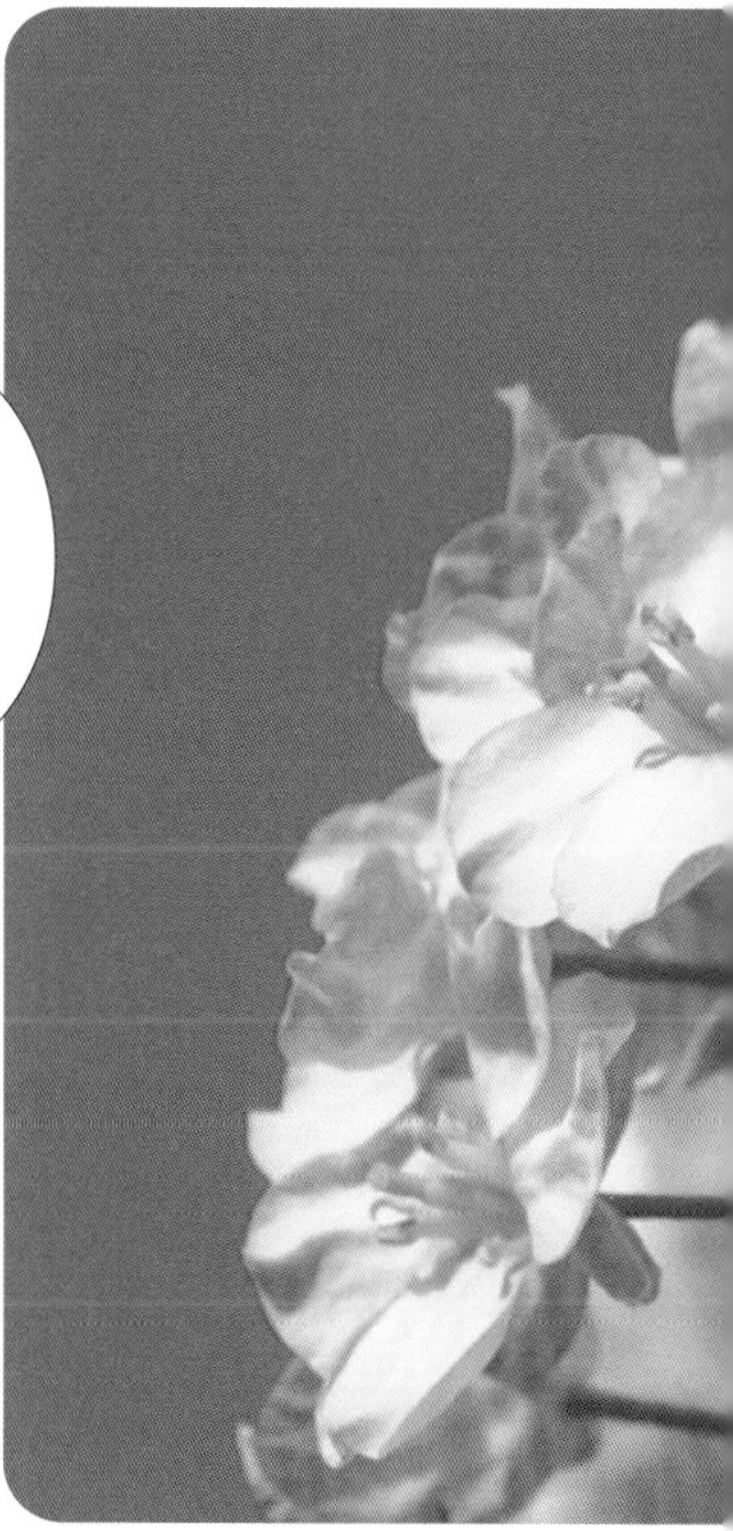

1月から収穫している〝栄華〟は、そろそろ次の品種へと移行していきます。

コウさんは、春の光を満喫するかのように、満開の菜の花畑をぶらぶら。ちょっと変わった花があると聞いて、南房総からお隣の鴨川市へ向かいます。

● 御子神農園　https://mikogaminouen.com/

花を愛する男が育てる
食べられる花作り
鴨川

大きなビニールハウスをのぞき込んだコウさん。ここではエディブルフラワーを育てているのだとか。

エディブルフラワーとは、生で食べられるように栽培された花のこと。和食やフレンチ、カクテルなどにみずみずしい色合いを添えて華やかに演出するだけでなく、ビタミンやミネラルなどの栄養も豊富に含んでいます。

花農家の井上隆太郎さんに勧められて、独特な香りが特徴の南アフリカ原産「ツルバキア」をひと口。

「ああ、ちょっと刺激の強いニンニ

いま採れるのは
ビオラと
カレンデュラ
怪獣の名前ですか（笑）

ク、行者《ぎょうじゃ》ニンニクっぽいかなあ。おもしろ！」とコウさん。

　次は隆太郎さんのイチオシだという北極海沿岸原産の「オイスターリーフ」。

「まだ小さいですけど、生牡蠣の味がします、葉っぱなのに」

「すごいな、これ。大根おろしと日本酒が欲しくなります」

　そして、ペルー原産の「インカベリー」。

「ちょっと発酵してるっていうか、お酒っぽい味しますでしょう」

「うん！　カクテルとかに使ったらいいかも。強い酸味があるけれど、最後にベリー感がフーっと……」

　同じくペルー原産の「トマティーヨ」。見た目はインカベリーに似ていますが……。

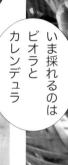

香りも色とりどり

見た目を裏切る味に驚く

ツルバキア

ニンニクのような味がします
こんなにかわいいのに？

花農家の井上隆太郎さん

「全く味が違う。すっきりとした酸味とベリー感があって口の中をさっぱりさせてくれます。トマトに似ているけれど、もっと清涼感があって、最後に甘みが出てきて。それぞれに複雑な味わい」

夕方集荷されたエディブルフラワーやハーブは、翌日の午前中には東京へ。繊細な花だけに地の利を生かして、現在取り引きしているレストランはおよそ100軒。個人で注文する人も増えているそうです。

オイスターリーフ

オイスターリーフ

うわっ！
生牡蠣だ

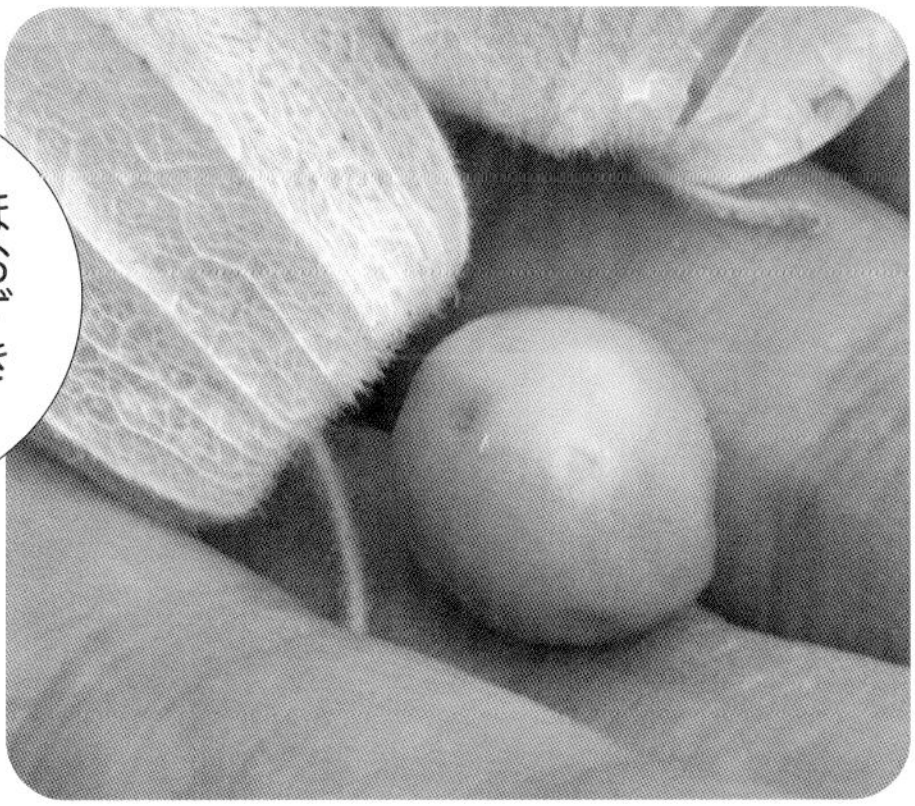
ほおずき
みたい、
めっちゃ
かわいい

インカベリー

メキシコの
グリーン
サルサソースの
原材料です

トマティーヨ

口の中、
ここは
どこの国って
感じです（笑）
千葉ですよ、
千葉（笑）

草原のテーブルで

採れたてハーブのトルティーヤ

何種類のハーブが入っているんですか
10種類くらいです
口の中、香りのハーモニーがすごい

隆太郎さんと妻の裕美さんがコツさんに振る舞ってくれたのは、採れたてのエディブルフラワーとハーブたっぷりのトルティーヤ。大豆で作ったソイミートと地元で採れた生野菜をのせていただきます。

「風や草の揺れる自然の音と僕の咀嚼《そしゃく》する音、シャキ、パリッ、モチッ。両方聞こえるんです。口の中は香りのハーモニーがすごい。めっちゃおいしい」

　隆太郎さんはもともと東京育ち。恵比寿の生花店でフラワーアーティストをしていましたが、39歳のとき一家で鴨川に移住しました。「花を飾っては捨ててというのが嫌になって。いつかは農業をやりたいと思ってたんです」と隆太郎さん。

　いまは6歳になった然太《ぜんた》くんを、自然豊かな環境で育てたいと考えたことも大きな理由でした。

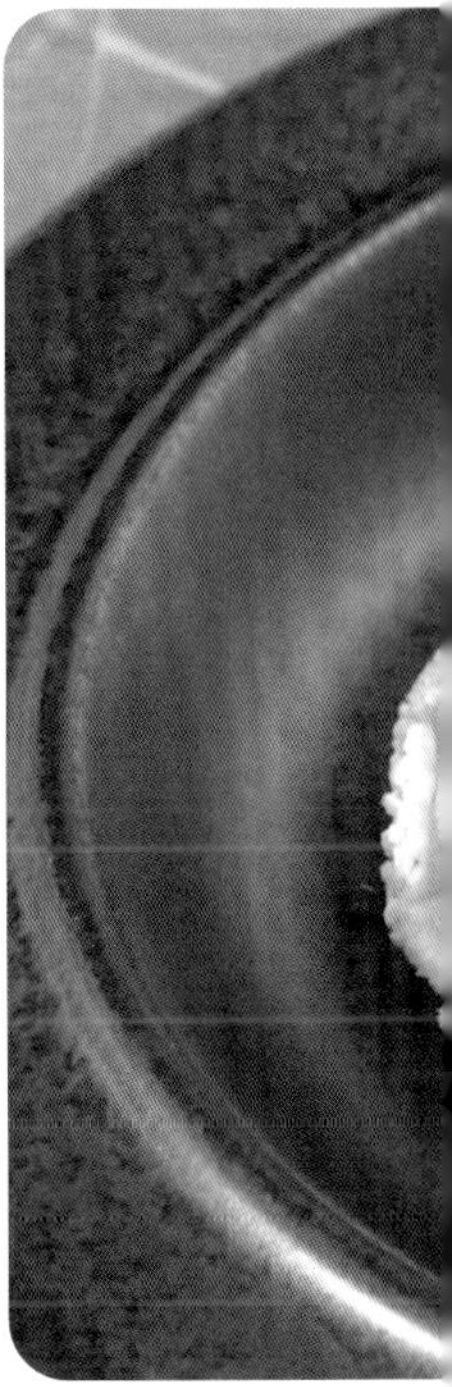

千葉の自然と花を愛し、栽培するご家族の表情に触れ、コウさんも幸せな気持ちに包まれたのでした。

◉エディブルフラワー
苗目 ☎ 050-1560-5698　https://naeme.farm

八代将軍吉宗に始まる

近代酪農発祥の地

南房総

南房総の山あいの道を越えて、360度山に囲まれた牧場「酪農のさと」にやってきました。斜面に広がる草地には、放し飼いのヤギが草を食べたり、寝転んだり、跳ねまわったり……。

ここは日本の近代酪農の発祥の地なんだとか。

「北海道が酪農発祥の地と思われるかもしれませんが、徳川八代将軍・吉宗が白牛（乳牛）3頭をインドから取り寄せて、この地で飼育、乳製品を作ったことが近代酪農の始まりとされています」と酪農のさと所長の押本敏治さん。当時の牛乳は強壮剤や解熱の薬として使われていたそうです。

その白牛と同じ種類の牛が飼われていると聞いて、コウさんは牛舎に

将軍・吉宗がインドから取り寄せたのと同じ種類の白牛

ヤギがのんびり暮らしている

千葉は日本の近代酪農発祥の地

◉千葉県酪農のさと
南房総市大井６８６
☎ 0470-46-8181（月曜休園）
https://www.e-makiba.jp/

向かいます。
「白牛の特徴は、首から胸にかけての胸垂《きょうすい》というヒダが非常に長いこと。耳が大きくて、背中にはコブがあります」と押本さん。
　コウさんは「酪農家に伝わる謎の食べ物がある」と聞いて、１００年の歴史のある須藤牧場を訪ねました。

チッコカタメターノって⁉

館山

酪農家に伝わる謎の食べ物

100年ゴハン
file.2

120頭の牛が飼われている須藤牧場の須藤健太さんに、さっそく「謎の食べ物」について聞いてみると?

「チッコカタメターノといって、出産直後の母牛からとれる初乳を、豆腐のように固めたものです。この地域には100年くらい前からあるんです」と健太さん。

「チッコカタメターノって、イタリア語ですか?」

「房州弁で牛乳のことを〝乳《ち》っこ〟と言ったりするので、それを固めたので〝チッコカタメターノ〟です」

母親の陽子さんに作っていただいたチ

産まれたばかりの子牛にミルクを

チッコカタメターノは母牛の初乳で作る

ッコカタメターノ。コウさんは、「味は濃厚。牛さんのお乳をいただいているんやなというのが、ダイレクトに伝わってきます」と初めての味に感動。

陽子さんによれば、牛丼風に煮込むと、肉の代わりにもなるんだとか。健太さんから「トウガラシをつけるのも好きです。辛いのも合いますよ」と聞いたコウさん、「それだ！ それだな！」――なにやらひらめいたようです。

◉須藤牧場
館山市安東３３７
☎ 0470-22-9732
https://www.sudo-farm.com/

100年前から伝わる味「チッコカタメターノ」作り方

①初乳を鍋に入れて火にかけ、静かにかきまぜる

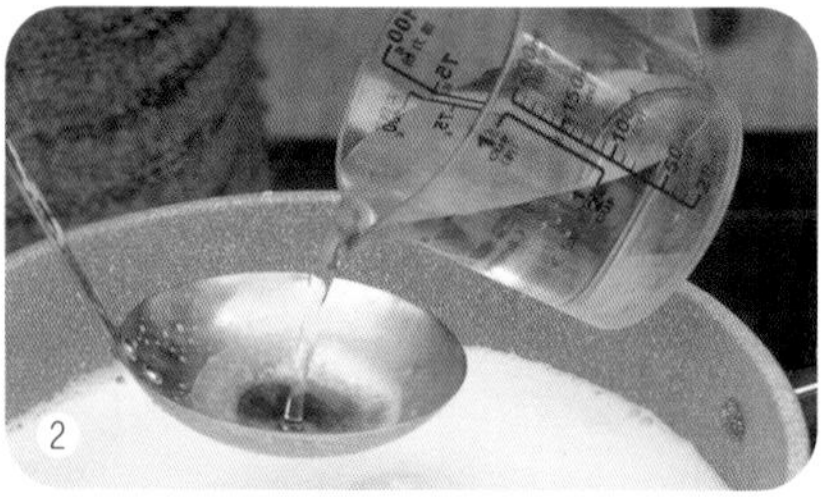

②沸騰する前に火をとめて、酢を加える（1リットルに30cc 程度）

③しばらくおくと固まってくる

④ザルでこして形を整えれば完成

弾力が格別。キシッとした感じもあってチーズみたい

牛さんのお乳をいただいているんやな！

コウケンテツ
まごころレシピ

どの土地にも、その場所だからこその、
その季節でなければ味わえない味があります。
素材との出会いは、食の未来を豊かにしたい人たちとの出会い。
100年先まで届けという願いを込めて料理を作ります。
ひとつめは千葉で出会ったチッコカタメターノ。
僕も初めて味わったスペシャルな味わいを生かして
辛めのミルク粥と甘いミルク粥を作ってみました。
食事とデザート、白いリレーです。

コウケンテツ　まごころレシピ ❶

酪農家一家のために
辛しょっぱいミルク粥

「チッコカタメターノには辛いのも合いますよ」と健太さんから聞いたコウさん、厨房をお借りして、健太さんとご両親のためにオリジナルの一品を作りました。

牛乳のおいしさをダイレクトに味わえるチッコカタメターノ。酪農家が、子牛が産まれた喜びを分かち合いながら、代々大切に食べてきた味です。

おいしいです。優しいんですけど、すごい濃厚さ、ミルク感もあって

なんていうのかな、シャキシャキ感？

〈材料〉

牛乳……3カップ
もち米……大さじ3
レンコン……400g
青トウガラシ（生）……4本ほど
醤油……大さじ4
塩、オリーブオイル……各適量

〈作り方〉

①青トウガラシを輪切りにして醤油につけておく。
②鍋に乱切りにしたレンコン、水に漬けておいたもち米を入れ、水3〜4カップを加えてやわらかくなるまで煮る。
③②の粗熱をとってから牛乳とともにミキサーにかける。鍋に半量を戻し（残りの半量は51ページ参照）、塩で味を整え、もう一度温めなおして器に盛る。
④チッコカタメターノを箸で一口大に切って加え、オリーブオイルをかける。
⑤①の青トウガラシをアクセントにのせる。

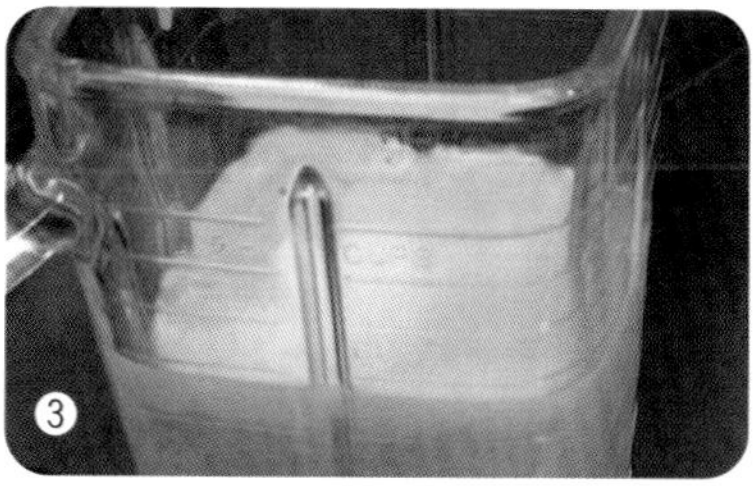

番組未公開　白さの映える上品な仕上がりに

シナモンシュガーのスイーツミルク粥

辛しょっぱいミルク粥とシナモンシュガーのスイーツミルク粥の２皿

〈材料〉

半量に分けたミルク粥（49ページ参照）
Qなっつ（58ページ参照）、
ピーナッツペースト……各適量
ブラウンシュガー……15g
シナモン……適量
エディブルフラワー……適量

〈作り方〉

①49ページ③のミキサーに半量残したミルク粥にピーナッツペースト、ブラウンシュガーを加える。
②ミキサーでさらに攪拌《かくはん》する。
③器に盛り、エディブルフラワーをのせる。砕いたQなっつをちらし、シナモンとブラウンシュガー（分量外）をふりかける。

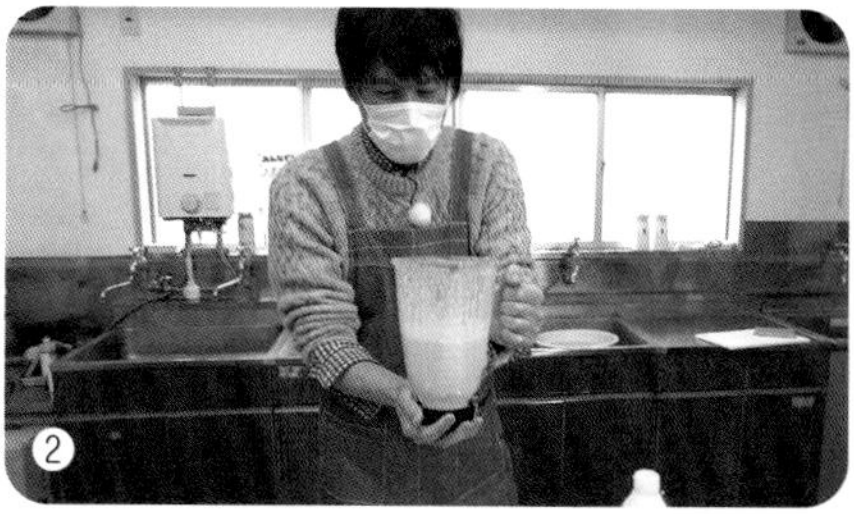

地元の味に秘められた家族の思い

東京に隣接する千葉県には何度も出かけていますし、知っているつもりでした。が！　まだまだだったと痛感しました。千葉の奥深さ、濃さはそんなもんじゃなかったです。「100年ゴハン」を生みだす地元の方たちのどこまでも深い思いと、染み出るような愛情に圧倒されました。放送では伝えきれなかった「家族の物語」、少しだけ紹介させてください。少々濃い味、です。

娘に嫌われても一筋に

たこめし販売の掛須保之さん

「たこめし」を売っている掛須さんは地元の「名物おじさん」です。お嬢さんが小さいうちは「おとうさ～ん」って呼んでくれたけれど、小学生くらいになると会話も減り、いないものとして扱われて……。いや、どこのご家庭でもあるお話ですよね。ご自分で何度も「おじさんなんですけど」「娘からは相手にされていないんですよ」とおっしゃる。

　鉄道だけでなく地域のこともまるごと愛している人で、一所懸命ですし、人柄が素晴らしくて、どことなく可愛い。ここに至るまでのご家族を含めた涙ぐましい歴史を感じました。

　哀愁の漂う話を聞いたあとで「たこめし」をいただくと、優しい味が染みてきます。味に奥ゆかしさがあるのは、娘さんへの「ごめんね」という気持ちの表れなのでしょうか。「お米一粒一粒に旨味が染みている」と言いましたけれど、染みているのはいろんな気持ち……なのかもしれません。

普通の家族だから受け継がれる〝伝統〟

祭り寿司の安藤クニさんと仲間たち

祭り寿司の絵柄は家庭によって違うだけでなく、季節によっても変わるそうです。撮影では「春の花」を並べていただきました。

　クニさんの孫の龍士くんに「寿司づくりの難しいところは?」と聞いたら「お祖母ちゃんに言われた通りにやるのが一番難しい」。家族の気持ちを受け取って、すくすく育っているなあと感じました。この素直さが伝統食をつないでいくのだろうな、なんて思いました。

撮影が終わったあと、お父さんが「寿司のときは、残りの素材でいつも作るから」と野菜たっぷりのお汁をご馳走してくださって。やさしい味で美味しかった。

普段の家庭のやり取りのなかに、受け継がれていくものがある。

〝日常〟こそ残していかなければいけない、そう気づかされた出会いでした。

海の男の世代交代

清志さんと優さん親子のキンメダイ漁

息子の優さんが船を買うことになったのは、清志さんも35歳くらいの時に自分の船を買ったから。
「お前も勝負どころの年齢に来ているから、今やらないとやるときないぞ」みたいなハッパをかけたのだそうです。厳しさのなかに息子に託す想いが見えて、いかにも海の男だなと思います。
実はあの撮影のときは、スタッフがみんな船酔いして大変なことになっていました。深夜に出帆するから、僕は漁場に着くまでは横になって身体を休めなければいけない、と「休んで、休んで」と声をかけたのに、責任感の強いカメラマンさんはずっと撮り続けるわけです。さすがプロ! しかし担当ディレクターさんがなんとダウン。「コウさん、後の画《え》はお願いします〜」だなんて、まったくもう……伝説の収録でした。

新規就農という選択

井上隆太郎さん一家のエディブルフラワー

「食べられる花」という、未知のビジネスを39歳で始めるのは、なかなかできない決断だと思います。しかも成功を収めているわけですから、新規就農を考えている方にとって、大きな道標になるのではないでしょうか。

　これまでの農家は代々継いでいくことが多かったと思います。が、１００年先に日本の食を残していくためには、いまあるものを残すだけでなく、新しいものを生みだすことも大事なのだなあと教わりました。

　隆太郎さんは、古民家を残す活動やシェアファームといったいろいろな新しい活動を手がけています。こうした流れがどんどん加速していけばいいなあ。

生産者しか食べられない味

チッコカタメターノの須藤さん一家

子牛を産んだばかりの母牛がいなければ作ることができない特別な味。これも地元ならではの食の楽しみです。チッコカタメターノは乳清が強くて薄味っぽい日もあれば、濃厚に取れる日もあると思いますが、僕がいただいたのは非常に濃厚で、食感も味もモッツァレラチーズのようでした。

　ご家族はとてもユニークで、お父さんは職人気質、お母さんは社交的。息子の健太さんには、未来へ向けて熱心に取り組んでいる夢がありました。後日、「老朽化した牛舎の修理費用をクラウドファンディングで集めたい」という熱い思いをうかがって、僕も短いコメントを書かせていただきました。若者らしい柔軟なアイデアが、１００年先も残る味を作っていくのだと思います。

リュックの中身

――僕の旅じたく――

旅にはいつも愛用のリュックを背負っていきます。これは僕の私物で、ごくごく普通に売られているものです。旅先ではなるべく目立たないようにと思っているので。普段、子どもと遊ぶときも使っているため、年季が入ってなかなかの味わいを醸してきました。

料理道具として持っていくのは、基本的には包丁とゼスターグレーターという擦りおろし器具だけです。包丁は、長年愛用している熊本の名刀ですが、伝統の技に新たな鋼とステンレス接合技法を加えた独自の技術で作られているそうで、切れ味はもちろん、耐久性も抜群！　頼れる相棒です。ゼスターグレーターは、柑橘類の皮などをすりおろすと、軽くふわっとした感じになります。チーズを擦ることもあります。

日本料理のあしらいに「天盛り」というものがあります。料理の仕上げに薬味や香りのものを乗せることですが、いわゆるトッピングのようなものですね。天盛りは、香りや見た目の美しさ、彩りを加えるだけでなく、「これは今、あなたのために作りました。まだ誰も手をつけていません」といった、食べてもらう方へのおもてなしの精神をあらわします。同様の意味で韓国料理にも「コ

愛用のゼスターグレーターと包丁

ミョン」というものがあります。

旅先で僕が料理を作る時は、食材、生産者のみなさま、食べていただくみなさまへの敬意と感謝の気持ちを込めて、「天盛り」、「コミョン」で仕上げさせていただくことが多いです。

調味料は特に持っていきません。できるだけその土地のもので作りたいですし、以前にアジアを旅していたときは、現地ですべて調達していました。未知なる調味料との出合いや発見はすごく刺激的で、そんな経験に勝るものはないですね。

料理道具のほかにリュックに入れているのは、パソコンとタオルくらいです。パソコンには電子書籍がたっぷりと入っています。料理のレシピを打ったり、何か思い立ったことをすぐにメモしたり。スマートフォンでは写真を撮りまくります。僕は移動中に仕事をすることが多いので、パソコンとスマートフォンはなくてはならない仕事道具です。

荷物が意外と少ないので驚かれますが、旅の経験値を積むほど荷物は少ないほうがいいなと実感します。リュック以外にトランクも持って行きますが、往路はほとんど空っぽですね。復路では、現地で購入した新しい調理道具や調味料、お土産、そして最高の思い出で荷物はいっぱいになります。

ピーナッツ愛

Pよりおいしい Q もある

香取

No.1食材

千葉県は、ピーナッツの生産量が日本一。なんと全国シェアの8割を占めています。千葉県で落花生の栽培が始まったのは明治初期。当時の県令（知事）が、その栽培を奨励したといいます。

昔から成田山新勝寺で行われている節分で、歌舞伎役者や関取らが撒く豆にも殻付き落花生が入っています。

また、「ピーナッツみそ」は、地元の小中学校の給食にも頻繁に登場します。甘めの味噌とハチミツを絡めた甘じょっぱい味で、ゴハンにのせたり、そのまま食べたりと、子どもたちに大人気のおかずになっています。

千葉県民に愛される名産の品種改良を20年間続け、２０１８年に誕生した新しい品種が「Qなっつ」。ピー（P）ナッツよりも美味しい「Q（キュー）

なっつ」と名付けられました。口に入れた瞬間に広がる強い甘みがなによりの特徴です。

　オオノ農園の直売所で大野俊江さんにQなっつを勧められたコウさん。一つ頬張ると、その甘さにびっくり。「P」を超える味を体験しました。

落花生

味噌の甘さでゴハンがとても美味しくなります

味噌とハチミツの入ったピーナッツみそは給食の定番です

さつまいもとピーナッツは名コンビ

一年交替の秘密

これ全部落花生。
40トンくらい
保管しています
ゴジラと同じ
くらいかも？

落花生は2年続けて同じ畑で連作をすると、収量が大幅に減ったり質がさがってしまうといいます。そこでオオノ農園では、近隣のさつまいも農家と連携し、落花生とさつまいもを一年ずつ交互に作付けしています。

実は香取市はさつまいもの名産地。しかし、無農薬で育てようとすると害虫が発生しやすく、畑を休ませる必要がある。交互に作るのはお互いにとってメリットがあるというのです。しかも、落花生を作るときには堆肥をたくさん入れるために、さつまいも農家にも喜ばれ、今では契約農家が50ヶ所ほどになるのだとか。オオノ農園は、いまや千葉県一の広さを誇るピーナッツ農家になりました。

【ピーナッツ農家の一年】
●春～種まき ●夏～秋 収穫 ●冬～脱穀 ●水洗い→天日干し ●早春～選別作業

落花生のベストな剥き方

ちょぴっとくちばしみたいのが出てます。ここを押して割ります。だんだん下へ押していくんです
ほんとだ、きれいに割れる

こんなに甘いのないでしょ？

オオノ農園

びっくりしました

◉オオノ農園 香取市高萩５１２－３
☎ 0478-75-1123（電話注文可）
https://www.oono-nouen.com/

千葉県民のソウルフード落花生

生ピーナッツぜんざい

とろ～んとしてクリーミー。こんな食感になるんですね

落花生だから粒が大きい！

「大野家でよく食べるピーナッツ料理がある」というので、ご馳走になります。それはなんと生のピーナッツだけで作るぜんざいなのだとか。手間暇のかかる一品です。

俊江さんが作ってくださったぜんざいは、「歯がいらない」ほど柔らかくまろやかな味になっていてコウさんもびっくり。

「私の母親が作ってくれたんです。だから、このぜんざいは母の味ですね」と俊江さん。

「生落花生じゃないと作れないから、千葉県民じゃないとなかなか食べる機会はないでしょうね」と息子の雄一郎さん。

やはり落花生は、千葉県を代表する家庭の味。ソウルフードでもあるのでした。

大野家の「生ピーナッツぜんざい」作り方

①生のピーナッツを水と重曹に浸して一晩おく。

②①を柔らかくなるまで４時間ほど煮る。（大量に出るあくを丁寧に取るのがポイント）

③柔らかくなったら数回に分けて砂糖を入れる。

④塩を加え、味を見ながら砂糖、塩を少し加えて煮る、冷ますいう作業を繰り返して完成。

奈良時代から庶民に愛された

食べる醤油〝醤《ひしお》〟

銚子

湯気のあるところって美味しいものがあるんですよ

100年ゴハン
file.3

江戸時代から醤油の町として知られる銚子には、現在も大手の醤油メーカーの工場が建ち並んでいます。

その銚子でコウさんが目をつけたのは、大きな木桶から湯気を吹き上げている蔵でした。聞けば、「醤《ひしお》」の原料の大豆と大麦を蒸しているところだとか。

醤とは、大豆と大麦から作った麹《こうじ》を熟成させてできた発酵調味料のこと。見た目は味噌のようですが、風味は醤油に近く、箸でつかめるため「食べる醤油」とも言われています。「醤」の文字が初めて文献に登場するのは奈良時代。醤油が普及する江戸時代まで広く使われてきた伝統の万能調味料でした。醤油も味噌も醤から生まれました。

住み込みで働いていたかつての醤

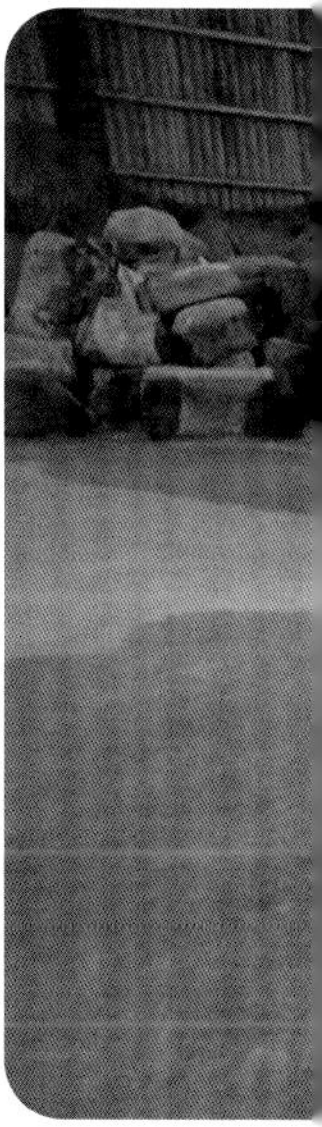

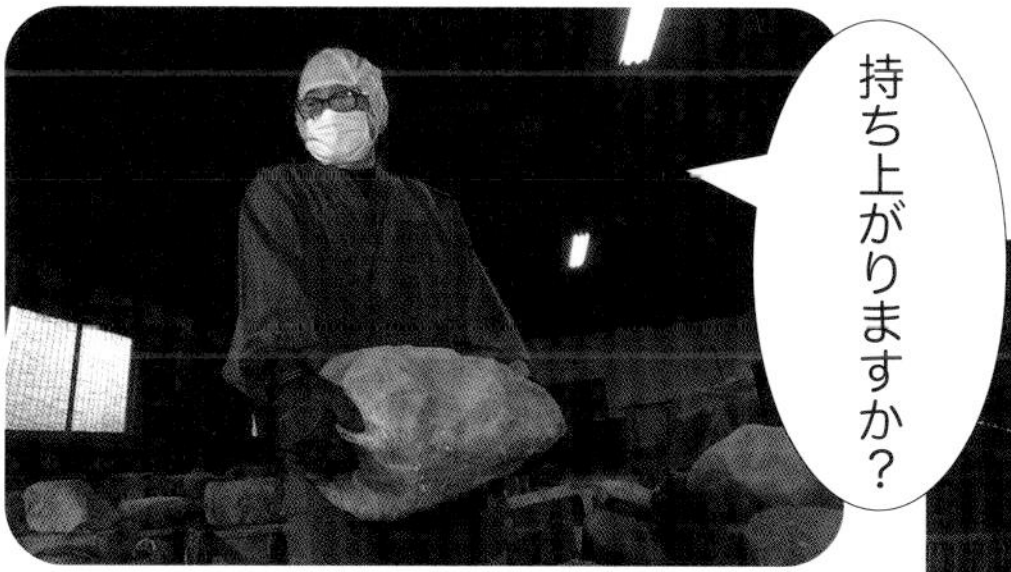
持ち上がりますか?

うっ! この辺でやめておきましょうか

照り艶が美しい。食べた先から吸収されていく感じ

油蔵の職人たちの食卓には、それぞれ自慢の醤があったそうです。

蔵の2階にあげてもらうと、重石をのせたいくつもの樽が並んでいました。重石は銚子石と呼ばれる石で、もともと建物の基礎に使われたもので、一つ約50キロ。第二次世界大戦の空襲で焼け焦げた跡の残る石も大切に使ってきました。

父から家業を継いだ娘へ
新しい味わいを探して

なんでこんなに調和するんでしょうね
本当ですよね、不思議です

そもそも銚子が醤油で栄えたのは、寒暖の差が小さい気候に加え、大消費地の江戸へ醤油を運ぶことが容易という好条件に恵まれたからでした。

いま、醤油は6ヶ月から8ヶ月でできあがりますが、まろやかで旨味のある醤を作るには、2年ほどかけて熟成させる必要があります。大手の醤油メーカーが手間のかかる醤づくりをやめていくなか、室井房治さんは、伝統の食文化を守りたいと、あえて醤専業の道を選びました。

そして6年前、娘の清美さんが家業を継ごうと戻ってきました。その清美さんのオススメがクリームチーズに醤をのせたもの。コウさんはさっそくいただきます。

「熟成感があるけれど、非常に澄んだ香りがします。チーズの発酵感に、

醤の仕込み

①大豆と大麦を水に浸し、ふやかしてから皮を剥き、混ぜながら木桶に入れる。（一度の仕込みに使うのは大豆200キロに大麦100キロ）

②約２時間かけて蒸しあげる。

③種麴（たねこうじ）をていねいに混ぜ合わせ、麴室（こうじむろ）に入れて３日間発酵させる。

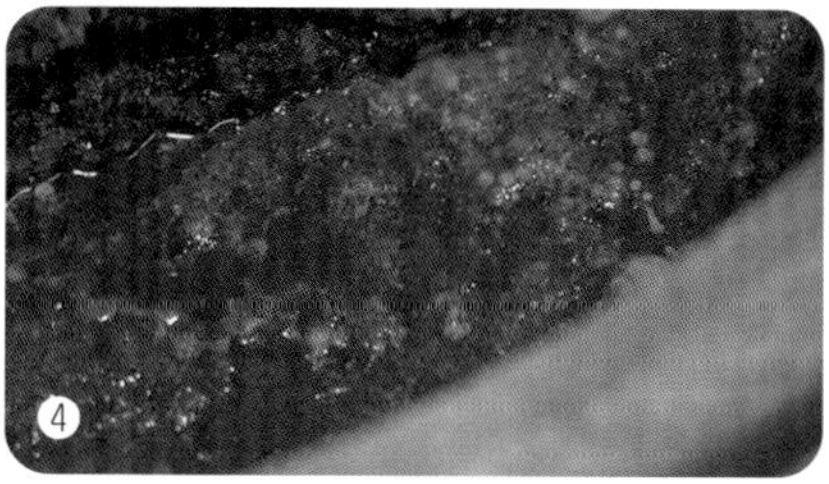

④塩水を加えて２年間熟成させると完成。

醤の香り、熟成感、旨味、甘味、塩味……」

「旨味に違和感がないんですよ。両方の旨味が重なって」と房治さん。

父と娘が守る日本古来からの味〝醤〟。これからも新しい味わいをみつけてくれることでしょう。

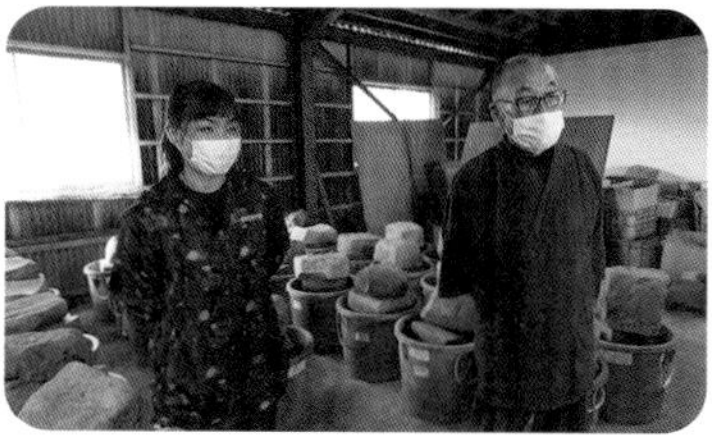

◉銚子山十　銚子市中央町１８－３
☎ 0479-22-0403（日曜定休）
https://www.hishio.co.jp/

いわしのごま漬け

郷土料理百選にも選ばれた

九十九里

いわし漁の最盛期は２月ごろ、煮干しの天日干しはこの時期の風物詩にもなっています。

100年ゴハン
file.4

九十九里浜は、南北57・9キロメートルにわたる砂地の海岸です。沖合の黒潮に乗って回遊するいわしの絶好の漁場になっています。貝塚からも骨がみつかるなど、太古から食べられていたいわし。九十九里のいわし漁は江戸時代から盛んに行われ、ここで獲れたカタクチイワシを地元では愛着をこめて「セグロ」と呼んでいます。

大量に獲れるものの日持ちしないいわしを保存するために昔から伝えられてきたのが、いわしのごま漬けです。日常のおかずであるとともに、正月には欠かせない伝統料理として親しまれ、農林水産省選定「農山漁村の郷土料理百選」に選ばれた千葉県の郷土料理でもあります。

この日活スターは……小川さん?
50年以上も前ですね

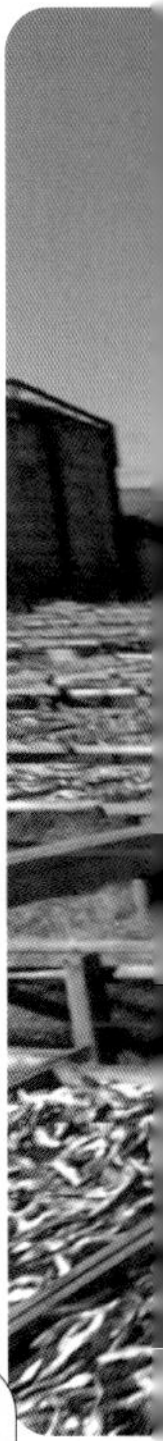

◉小川水産 ☎ 0475-76-2483

家ごとの味、いわしのごま漬け

ごま漬けは、カタクチイワシで作ります
小川水産のごま漬け

塩で半日から1日漬ける人もいますが、私はだいたい3、4時間漬けるんですよね
小高家のごま漬け

それぞれの味があって、好みだと思うんですよ
板倉家のごま漬け

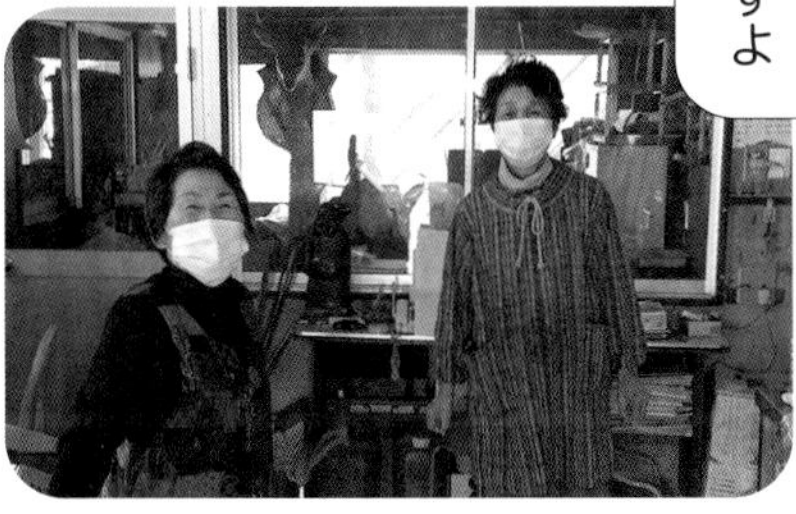
小高さんと板倉さん

小川水産の小川静夫さんは「各家庭で作って親戚や子どもに送るのです。だから、実は家庭で手作りしたものがうまいんじゃないかな～」といいます。家ごとにどのような秘伝があるのでしょうか。

家ごとの微妙な違いを楽しむ

ごま漬け名人を訪問

小川さんの紹介で、コウさんはご近所の「ごま漬け名人」を訪ねました。

まずは小高英明さんと弘子さんのお宅へ。

小高さん宅では、酸っぱいのが苦手という英明さんに合わせて、あまり酢をきかせないところがポイントのようです。

「あんまり脂がないイワシより、多少はあるほうが美味しいかな。どうでしょうか？」という弘子さんに、「うわ〜、うまい！ いわしのツルンとした食感とプチっと弾けるごまの食感、いろんなものが楽しめる」。コウさんの箸が止まりません。

そして、弘子さんの紹介で板倉よし子さんのお宅にもうかがいます。

見た目はよく似ていますが、よし子さんのごま漬けは「キュッと身が締まって、酸味がしっかりきいています。こちらもいいですね」とコウさん。よし子さんは、キャンプ好きの息子さんのリクエストで、大量に作って持たせるのだとか。キャンプ仲間にも人気の100年ゴハンです。

うまい！
ごまの食感と
いろんなもの
が楽しめる

小高家の「いわしのごま漬け」作り方

①水揚げされたばかりの新鮮なカタクチイワシの頭と内臓をとって水に入れ、血抜きをする。

②水を切って塩を振り、3〜4時間おいた後、好みに合わせて酢を入れ、常温で3時間漬け込む。

③酢に酒を少々混ぜて漬けると、味がまろやかになる。

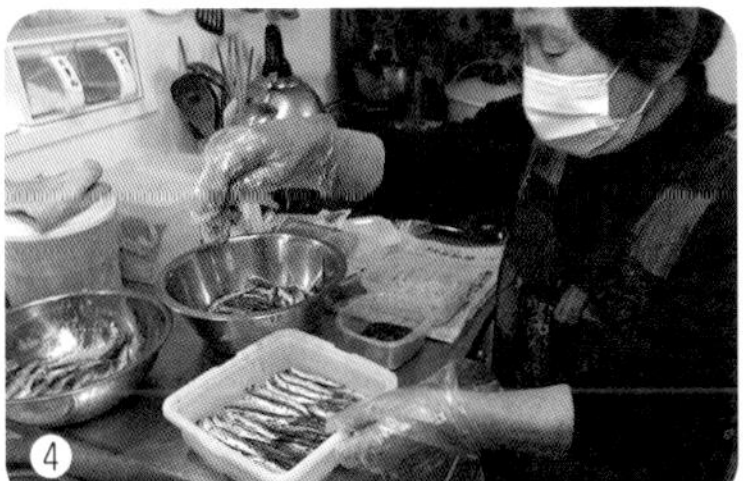

④③を容器に移し、黒ごまをたっぷり、生姜と鷹の爪の千切りを適宜かけながら重ねていく。

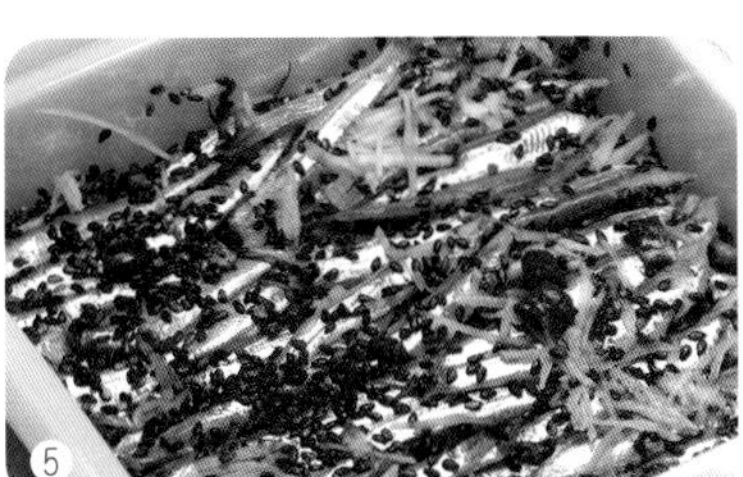

⑤3時間ほどおくと完成。

極甘レンコン

味わいは、フルーツ!?　長南町

一見すると泥の沼。この地で糖度9%、フルーツのように甘いレンコンを栽培しているのは、金坂哲宏さん。土の中の微生物の働きを活性化させることで、無農薬、無肥料の自然栽培方法を自ら編み出し、国内トップレベルの糖度と食味を実現しました。

採れたばかり、スライスした生のレンコンをかじってみると。

「梨？　梨じゃないすか」

「よく言われます。糖度9%って、フルーツトマト並みです」と哲宏さん。

レンコンは深さ50センチほどの泥の上に5センチ程度の水を張った水田のような畑で育ちます。収穫作業はこの泥の沼を歩きながら手探りで進めるのです。

え、梨？

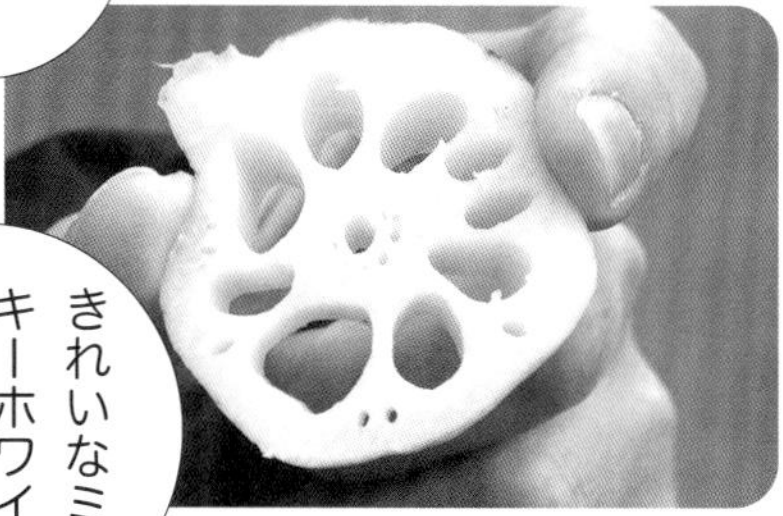
きれいなミルキーホワイト。みずみずしさの証ですね

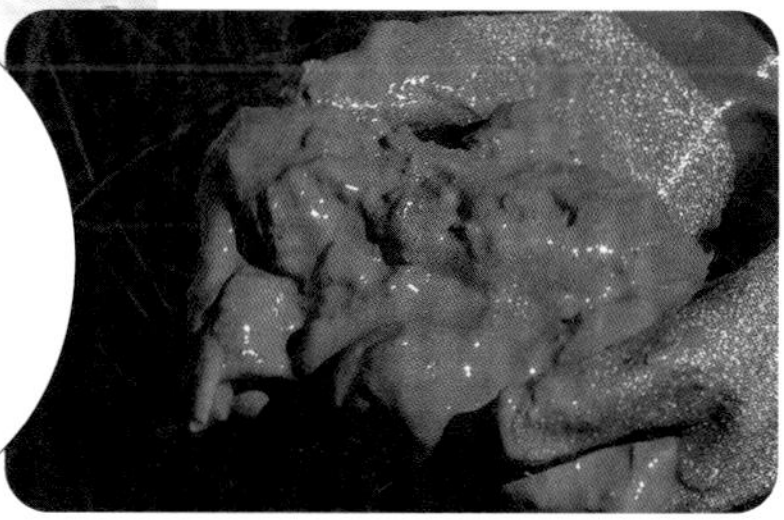
この土、柔らかい。ソフトクリームみたい

　ウエットスーツに似た作業用スーツを借りて、コウさんも収獲体験をすることに。しかし、泥に足を取られて思うように進めません。ホースからの流水の勢いを借りて、泥の中でレンコンを探りあてます。

「レンコンをつかんだら、どちらかが太く、逆側は細くなっています。太いほうのさらに先にレンコンがあります。でも、直接水を当てるとレンコンの表面が傷ついちゃうこともある。手でこすっても傷つく。一度つかんだら動かさない、それくらいデリケートです」

　金坂さんの教えに従って探しますが、なかなか見つかりません。やっと探りあてたのですが……。

「すみません。パキッといっちゃいました」

ひきこもりから栽培家に
ゼロからの出発

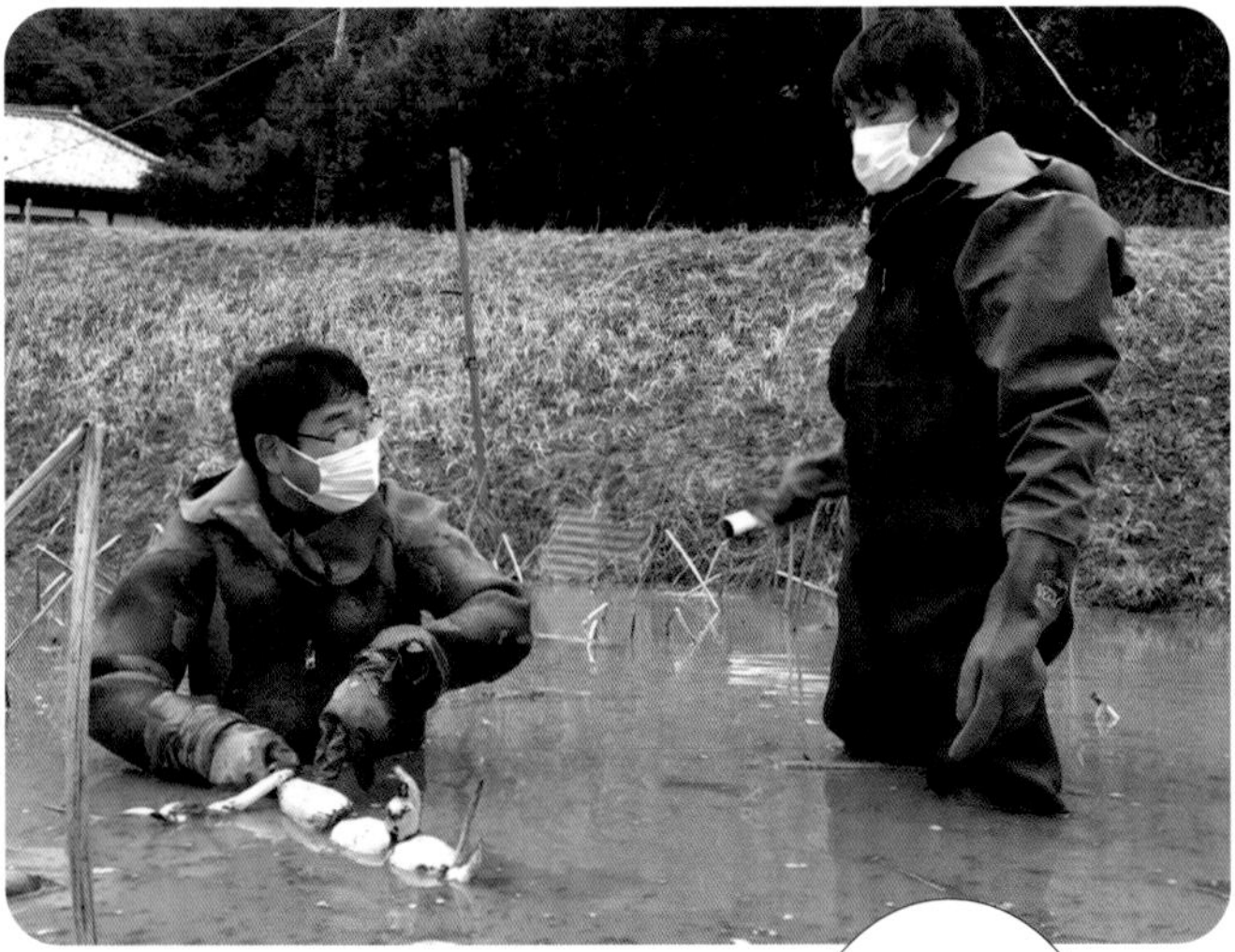

哲宏さんは大手鉄道会社に勤めるエンジニアでしたが、就職して3年目にうつ病を発症し退職。東京のアパートでひきこもり、3年間ネットゲームに明け暮れました。

「父が一度来て、『レンコンを教えてやろうか』と言われたんですけど、結構ですって部屋にも入れなかったんです。でもその後で父が……」

父の孝澄《たかすみ》さんは、業界で知らない人はいないレンコン農家でした。その父が亡くなったのをきっかけに、レンコン農家を継ぐ決意をしました。

知識も経験もない哲宏さんは茨城のレンコン農家で修業。ゼロからのスタートでした。

「もし途中で諦めたら、あの息子

金坂さんの「甘さ際立つレンコンステーキ」作り方

①皮付きのままのレンコンを1.5センチほどの厚切りにする。水にはさらさない。

②フライパンにたっぷりのオリーブオイルを熱し、①を揚げ焼きにする。

③両側に焼き目がついたら、塩コショウをしてできあがり。甘さ際立つレンコンステーキ完成。

が辞めたって言われるから……それで、続けなければと」

父が遺した品種を試行錯誤しながら育てて12年。哲宏さんのレンコンはいま、東京のホテルやレストランから直接取引を求められるほどの人気になりました。

◉金坂蓮魂　http://kanesaka-lotus-root.com/
ネットショップ https://kanesaka-renkon.com/

レンコンといわしの醤炒め

千葉の旅を一皿に

試行錯誤の末に生まれた極甘レンコン、
普段の食卓でも愛されてきたいわし、
千葉の醤油づくりの歴史と伝統を受け継ぐ醤。
千葉ならではの地域性や文化を感じさせる
3つの素材を組み合わせて
新しい味わいを作ってみました。
旅をしたからこそ生まれた
千葉の奥深さを味わう一品です。

〈材料〉

金坂さんの極甘レンコン……一節
カタクチイワシ（頭と内臓を取っておく）……20尾
醤だれ（醤 大さじ2、酒 大さじ4、みりん 1½、
砂糖・酢 各大さじ1、にんにくのすりおろし ½かけ分）
生姜の千切り……2かけ分　赤唐辛子……2本
青ネギの斜め薄切り……1、2本分
塩、片栗粉、醤油、白ごま……各適量

〈作り方〉

①レンコンを皮付きのまま縦切りにする。醤だれの材料を混ぜておく。
②カタクチイワシは水気を拭き醤油で下味をつけ、片栗粉をまぶす。
③フライパンで①を焼き、ちぎった赤唐辛子を加える。
別のフライパンで②をこんがり揚げ焼きに。
④レンコンのフライパンに③を入れ、醤だれを合わせる。
⑤生姜と白ごまを加え、器に盛り、青ネギをのせて完成。

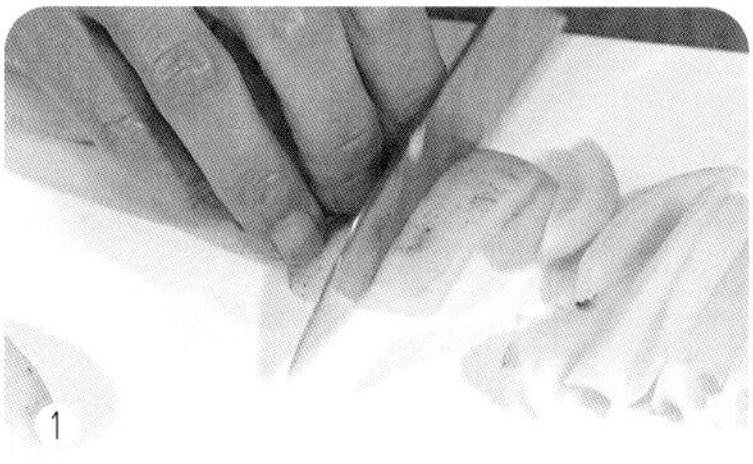

味との出会いは、人生との出会い

100年ゴハンの現場で話をしていると、その人の人生や歴史が、味の一部として感じられる瞬間があります。ものづくりの仕事を親から受け継いで、それを続けていくこと。並大抵の思いではないことが伝わってきます。親の思いに子の覚悟、紆余曲折を経て獲得した味わいこそが、100年ゴハンなのだと思います。

父のやり方、息子のやり方

ピーナッツ農家 大野さん一家

千葉といえばピーナッツというイメージがあるのでは。そして美味しいのも知っている。でも、大江さんの家のピーナッツは別格でした。

さつまいも農家と1年ごとに畑を交換して生産していることを、きっとみんな知らないと思います。

番組に登場したのは明るいキャラクターのお母さんと、生真面目な息子の雄一郎さんだけでしたが、実はお父さんにはお父さんなりのピーナッツ栽培へのこだわりがあり、息子には息子なりのやり方がある。でも、お互いに認め合っているのでしょう、父と息子は違う畑で栽培することもあるそうです。

家業を「継承」するといっても、世代によってそれぞれやりたいことがある。ただ上の世代から下へ伝えるだけではつながっていかないものもあります。お互いの性格も考慮に入れながら、家族間でどのように折り合いをつけるかという話がありました。アプローチの仕方はご家族ごとに違うのだろうと思います。とても勉強になりました。

両親の思いを受け継ぐ人生の決断

醤蔵の房治さん清美さん父娘

千葉の醤油文化は知っていても、醤《ひしお》についてはご存じない方が多いと思います。

醤の蔵を娘の清美さんが継ぐと決まるまでは、紆余曲折があったようです。地域で一軒しか残っていない蔵を継ぐのですから、もしかしたらやむにやまれぬ部分もあったのかもしれません。でも同時に、清美さんの中で何かが芽生える瞬間もあったのではないでしょうか。

両親がつないできた素晴らしい醤づくりという責務に、アイデンティティを見出し、ゆくゆくは自分らしさもプラスしたい——そういう思いを感じました。

家業を継ぐ義務や大義名分だけでは、何かを残していくことはできないと僕は思います。自分の中に芽生えたものに真剣に取り組んで、そして残していこうという姿は、まるで映画かなにかを見ているような気分になりました。生産者の深い思いに触れられたという以上に、「その人の歴史」と出会うことは、僕にとってもエキサイティングなことです。

やっぱりうちのが、一番おいしい

小川水産、小高さんと板倉さんのごま漬け

ごま漬けの味は家ごとに微妙に違います。酸味のきかせ具合、締め具合、調味料のバランスによってわが家の味、ちょっとした秘伝もある。ご近所同士、おすそ分けしあったりするんでしょうね、よその家の味もお互いに知っているからこそ、わが家のごま漬けリレーができたと思います。

忘れられないのは、シニア世代の小川静夫さんがサーファーだった若かりし当時の写真です。九十九里ならではだと思いました。たぶん、太陽族だったのではないでしょうか。あの写真を見せたくてわざと置いてあったのではないかとちょっと疑っています（笑）。もはや、ごま漬けを超えてるやん。

落ち込んでいる時期の大切さ
レンコン界のカリスマ、金坂哲宏さん

金坂さんは、3年間ひきこもっていた時期のことから、お父さんの死を経て、現在、全国有数のレンコン農家になるまでの話を打ち明けてくれました。僕は、その話に共感して「そういう時期って、誰にでもあるものじゃないかな」という話をしました。

実は僕も昔、1~2年ほどひきこもっていた時期があります。それはプロテニスプレイヤーを目指していた僕が、椎間板ヘルニアになって夢を絶たれて（実力も全くなかったのですが）、落ち込んだ時期のことでした。その時にメンタルをなんとか保つために、一所懸命に読んだ本との出会いが、とても大事なものになりました。

そういう時期を経験しないと次の一歩を踏み出せない人もいるし、新しい意欲が湧いてこないタイプもいると思っています。誰にでもそんな部分はあるんじゃないか、自分の中にエネルギーが溜まるまで意欲が湧かないこともあるよね……。

番組を見て勇気づけられる人がいるんじゃないかな、そんなお話も金坂さんとはしました。リアルなゲーマー&ニートだった彼が、いま、レンコン界のカリスマになっている。こんな人生もあるんだと、しみじみ感慨を覚えました。

最高のご馳走

千葉の食材は落花生に限らず、生産量・水揚げ量日本一が数多《あまた》ある。「へえ、こんなもの、あんなものまで一位？」千葉県民さえ知らないものまであるほど、近年の千葉は食材の宝庫。

さて、コウさんにとって一番美味しい食べ物は何かと訊《き》けば、自身の創作レシピではなく「人に作ってもらったもの」だという。料理研究家としては模範解答だが、その実どうなのか気になっていた。

我々が番組作りで最も苦慮するのは、味覚は映像で伝えることができないこと。大袈裟な美辞麗句のナレーションも興醒めであろう。となると頼るところはコウさんの表情のみ。

ちょっとした間合いでレシピの塩梅を見極め、それがすぐさま顔に表れる。そのあとのコメントはあくまでも補足に過ぎない。コウさんの表情こそが番組の真価なのだ。

ロケ中我々は、番組で紹介していない地元の料理も沢山食べた。たまたま立ち寄ったイタリアンの野菜パスタや夜中に一軒しか開いていない食堂の刺身は絶品だった。

しかし、何よりも美味《うま》かったのは、取材先で、もてなされた家庭料理である。手間暇かけたであろう心のこもったものばかり。もてなされ、感謝し、共に食すことがおいしさの秘訣だとつくづく思う。真心という調味料は皆を幸せにする。

番組プロデューサー　菊池　裕

写真／菊池　裕

海の碧さと森の緑と

岩手 三陸・遠野

房総の海から北へ500キロほど、
コウさんは夏、三陸の海へと向かいます。

リアス海岸ではウニ漁が最盛期、
サーモンの養殖にも取り組む大槌町へ。
内陸の一関では、300種類を超えるという
もち料理にびっくり。
民話のふるさと遠野にホップ農家を訪ね、
地ビールと羊肉を堪能します。

岩手には、コウさんは特別な思いがあります。
東日本大震災のあとに
何度もボランティアで通った場所だからです。
家族のようなおつきあいが続く
大切な人たちと久しぶりに再会。
未来に向けて今、
どのような取り組みが進んでいるのかを
改めて知る旅になりました。

ウニ
p.90
大槌町
吉里吉里駅
大槌駅
大槌
サーモン
p.94
一頁堂書店
大念寺
ウニ漁
三陸鉄道
p.88
盛駅

岩手三陸・遠野MAP
ホップ畑
遠野
バケツコンロのジンギスカン
ホップ
p.108
厳美渓
かっこうだんご
p.102
もちつき
もち料理
p.104
一関

車窓に流れる絶景

三陸鉄道

◉三陸鉄道
https://www.sanrikutetsudou.com/

地元では「三鉄《さんてつ》」と呼ばれ親しまれている三陸鉄道は、盛《さかり》駅から久慈《くじ》駅までの163キロ。海の絶景が眺められる路線として、観光客にも人気です。NHKの連続テレビ小説「あまちゃん」で覚えている方も少なくないでしょう。

東日本大震災で大きな被害を受けた三陸鉄道が、5日後の3月16日に一部区間で運行を再開させ、被災者を励ましたことはよく知られています。

三鉄に乗り込んだコウさんは、迷わず海側の席へ。さっそく近づいてきた夏の海岸線に「海！ きれいきれいきれい」とテンションがあがります。

三陸鉄道の各駅には、それぞれ愛称があります。例えば両石駅は

あっ
海が見えて
きました

岩手の魅力
ってどんなと
ころですか?
やっぱり海
ですかね

「恋の峠、愛の浜」、陸中山田駅は「海のオランダ島」、浪板海岸駅は「片寄波のサーフサイド」、釜石駅は「鉄と魚とラグビーの町」、恋し浜駅は「愛の磯辺」……など。鉄道ファンをはじめ地域にも親しまれているのです。

コウさんが降りた駅は吉里吉里《きりきり》駅、「鳴き砂の浜」の愛称で呼ばれています。

吉里吉里
きりきり
浪板海岸
NAMITAKAIGAN

コンブの森が育てる極上品　吉里吉里漁港

吉里吉里のウニ

100年ゴハン
file.5

吉里吉里駅の「キリキリ」とは、アイヌ語で「白い砂浜」という意味。駅の近くの吉里吉里海岸の砂浜を歩くと、「キリキリ」と鳴ることからも地名が付いたと言われています。

　駅を出たコウさんは、吉里吉里漁港へ。漁師の関谷伸勇さんによると6月から7月にかけてはウニ漁の最盛期、なかでも吉里吉里ののウニは、キロ2万円を越えることもある極上品だといいます。

　ウニがいるのは水深およそ5メートルの海の底。ウニはそこでコ

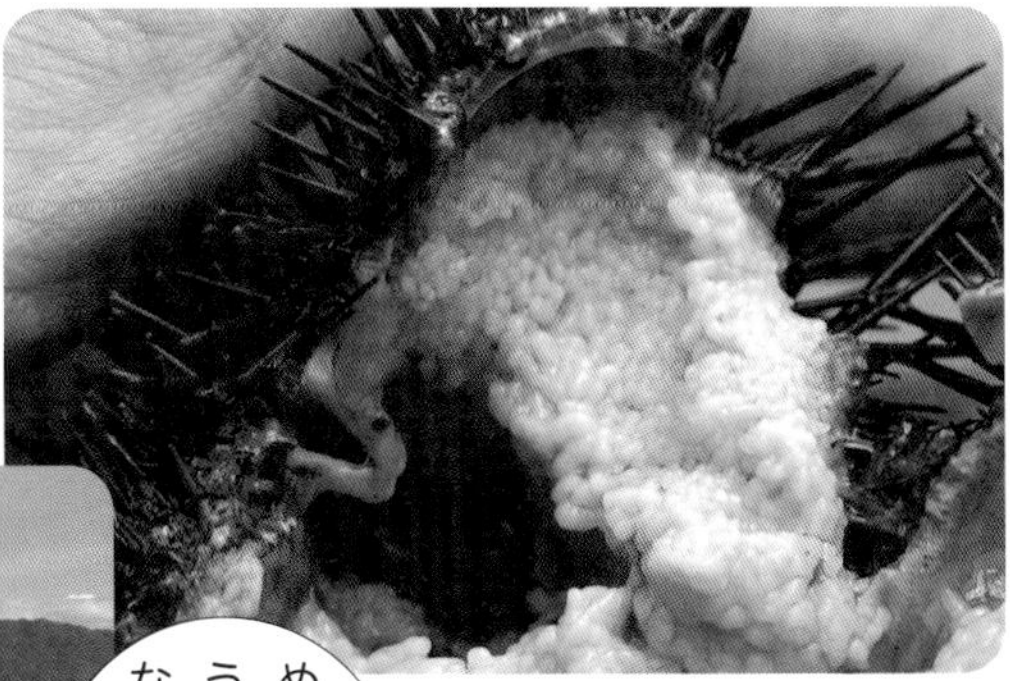

ンブを餌に成長し、食用のサイズに育つまでには3、4年。吉里吉里のウニは、豊かなコンブの森が育てているのです。そのコンブを育てているのは、海底から湧き出している近くの山からの伏流水。三陸の山と海が良質のウニを育んでいます。

関谷さんに「割って食べてみますか」と勧められたコウさん、「え、ほんとですか？　ねだったわけじゃないですけど（笑）」と言いながら、朝採れの生ウニを早速ひと口。笑顔がこぼれます。

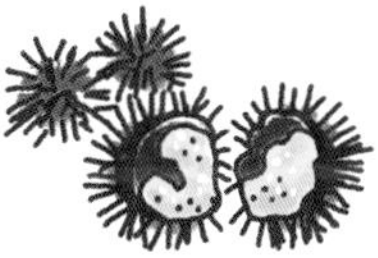

熱々の白米にのせて

漁師さんちの「ウニゴハン」

いただきます。塩味がゴハンと最高に合いますね

地元ならではのウニ料理があると聞いて、台野秀義さんと純子さんのお宅を訪ねました。

台野さん一家は江戸時代からウニ漁に出ていたそうです。生粋のウニ漁師の食卓に頻繁にのぼるのが、ご家族代々の好物でもある「ウニのみそ卵とじ」。

アツアツのゴハンにのせていただきます。

「味噌の塩味とウニの香りがよく合うなあ。普段からよく召し上がるんですか」とたずねると、

「子どもたちには、朝ごはんに食べさせてきました。うちの子は、これで大きくなったんです（笑）」と純子さん。

実はこの料理は、8月の産卵時期に入り、生食に向かなくなった

台野家の「ウニのみそ卵とじ」作り方

①おたま２つ分のたっぷりのウニを熱したフライパンに入れ、軽く火を通す。

②ウニを入れてあった塩水で味噌を溶き、①に加える。

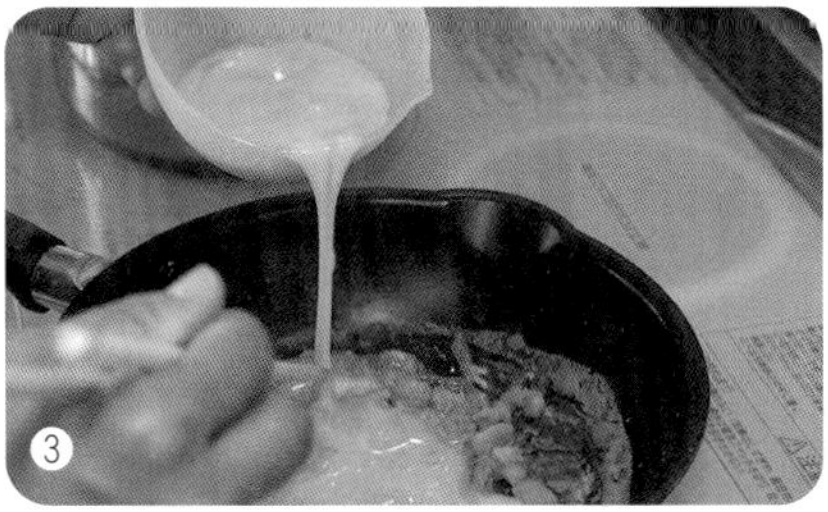

③卵を溶いて②に流し込み、半熟状になったら完成。

ウニを工夫して食べるために生まれました。さっと火を入れたウニに海水の塩味と味噌の風味、とろりと絡む半熟の卵が全体をまとめます。

海の恵みを大切にいただくため、三陸のウニ漁師が生みだした豊かな家庭の味です。

生に向いていないからこそ、生まれた料理なんですね

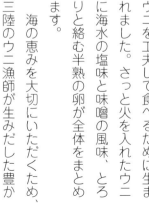

復興の願いを込めて

大槌サーモン物語

大槌町

三陸海岸のなかほどに位置する大槌町は、東日本大震災で大きな被害を受けた町の一つです。漁業も大打撃を受け、一時は漁協も解散を余儀なくされました。

そんななかで大槌町が考えたのが、町の名産品であるサケの養殖でした。町の中心を流れる大槌川はかつて12万尾ものサケが遡上する漁場でしたが、震災後の水揚げ量は10分の1以下に減少していたのです。この復活に手を挙げたのが、金﨑拓也さんら町内の建築業の人たちでした。

しかし、全く経験したことのない養殖の仕事に、最初は苦難の連続。500尾近くのサケを一度に死なせてしまったこともありました。

追い込んだつもりが、逃げていく。ものすごく速い

よし！傷つけずにとれた

4年めにようやく軌道に乗り始め、2021年には「岩手大槌サーモン祭り」を開催。町の人口とほぼ同じ1万人もの人が集まりました。現在は、サケの稚魚25万尾を飼育するまでになっています。

コウさんは、促されてサケの捕獲に挑戦、ようやく捕まえた一尾は、1・2キロの大物です。

金﨑拓也さん

◉桃畑学園サーモン 大槌孫八郎商店
https://magohachiro.jp/

行きつけの旅館のまごころ料理

サーモンづくし御膳

うわ～、たっぷりいろんな料理が

町の人たちの思いの詰まったサケを味わってみようと大槌町の小川旅館を訪ねました。ここはコウさんがこの地を訪れるたびに泊まった宿です。

久しぶりに顔を合わせた小川京子さんから「コウさんのことは、家族って言うと失礼かもしれないけれど、家族みたいに思っているのよ」と言われて、コウさん、思わず涙が……。

その京子さんが大槌サーモンを料理してくれました。脂がのって赤味の濃い刺身に始まり、塩焼き、ホイル蒸し、フライ、餃子、そしてアラを使ったすいとん、炊き込みご飯と、まさに大槌サーモンのフルコースです。

まずは味が一番よくわかる刺身

旨味がしっかり
あって、ふワッ
ととろけていく

いいお出汁が
出てますねぇ

からいただきます。

「養殖と聞くと、脂っこいような気がしますけど、全くそんなことないですね」とコウさん。

「さっぱりしていますね」

「めっちゃ、美味しい！」

あっという間の完食でした。

町の有志が大切に育んできた大槌町のサーモン。復興のシンボルとしてますます大きく育っていくに違いありません。

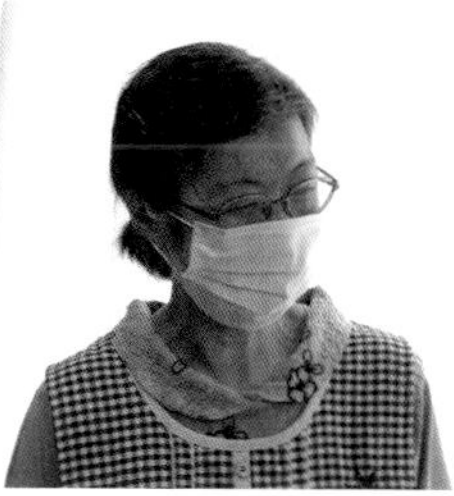

小川京子さん

◉小川旅館 ☎ 0193-42-2628
https://ogawaryokan.jp

宗派を超えて遺骨を受け入れた

大念寺のご住職

僕コウケンテツと岩手とのつきあいが始まったそもそもの話をさせてください。僕が初めて大槌町を訪ねたのは、東日本大震災から3年ほどが経った時でした。以前からお世話になっている知人が、毎年大槌町にボランティアに行っていると知り、連れて行ってもらうことにしたのです。訪れるたびに、大念寺ご住職の大萱生修明さんと奥様の都さんにはすっかりお世話になってきました。

大槌町は津波によって市街地は壊滅、4000戸以上が流されたり、火災で燃えたりしました。死者と行方不明者を合計すると1200人以上にも及ぶのだそうです。町役場の周辺も高さ10メートルを超える津波に襲われ、40人もの職員が亡くなっています。

役場の近くにある大念寺も、山門のすぐ手前まで津波が押し寄せました。町内には3つのお寺があり、唯一被災をまぬがれたのは大念寺だけ。ご住職は宗派に関係なく避難者を受け入れ、すべて

の遺体や遺骨を引き受けました。遺骨は一番多いときは700にもなったそうです。

その後は境内が子供たちの避難所のような役割も果たして、安全な遊び場になっています。都さんたちは「子ども食堂」を開いて、親子が安心して集える場所を提供していますが、今では年配の方も集まってきて、さながら地域食堂のようだとか。世代を食でつないでいるのです。

僕は大槌町の復興支援のイベントで料理を作ったり、料理教室を開いたりもしましたが、最初の3年ほどはずっと瓦礫《がれき》がのこっていて、人の姿もあまり見かけなかったような気がします。その風景がだんだんと変わって、人々が戻ってくるようになった。

こうした変化を見続けてきたので、今回の旅で大槌町を訪れることができたことに感慨深いものがありました。

ご自身も被災したりと大変ななかで、町のため子どもたちのためにと歩みを進めている姿はほんとうにすごい。大槌町のみなさんとご縁をいただいたことは、僕にとって大きな財産です。お会いすると、それだけで目頭が熱くなるほど、嬉しく、懐かしく、ありがたい気持ちになります。だから今回の撮影で、ボランティアに来るたびに宿泊していた小川旅館の京子さんと久しぶりにお会いしたとき、「家族みたいに思っている」という言葉をいただいて涙があふれてしまいました。

子どものための本屋さんを開店

一頁堂書店の木村薫さん

大槌町では、もう一つ、どうしてもお話ししておきたい出会いがありました。番組でも取り上げたかったのですが、時間の関係で入れることができなかったある本屋さんのお話です。

東日本大震災から9カ月後の2011年12月に、大槌町に一つの書店が開店しました。店主の木村薫さんは、僕の古くからの友人の友人です。津波で木村さん夫妻の自宅も流失し、薫さんが勤めていた化学薬品メーカーも被災しています。

この店で木村さんは、語り部のように被災の状況を説明しています。僕も津波の跡ののこる港に連れて行ってもらい、お話をお聞きしました。

いると、急に声が聞こえなくなったので振り向いたら、波がすぐそこまで来ていて、自分の後ろに誰もいなかったという話や、木村さん自身が、車を乗り捨てて走って逃げたというお話も。

「ともかく山へ逃げろ」とみんなで山道を走って

震災前、町には書店が2店ありましたが、いず

れも廃業、閉店。

　仮設住宅に身を寄せた木村さんは、知り合いから「このままでは町民が本に触れる機会がなくなる」と聞いて、全く経験がないにもかかわらず書店の開業を決意します。そして、町の復興を願い、はじめの一歩という意味を込めて「一頁堂《いちぺーじどう》書店」と名付けたのだそうです。

　大槌町には、震災で親を失った小中高生が80人もいました。だから、木村さんは児童書コーナーを充実させ、売上げの一部を遺児たちのために活用しようとしてきたのです。

「震災の年に大槌で生まれた子どもたちが、高校を卒業する年までは、どんなことがあっても続けたい」と木村さんはおっしゃいます。
　町の本屋さんの話は、100年先の未来まで残したい食、とは直接関係ないかもしれません。番組でもこの本屋さんにふれる時間はありませんでした。でも、大槌町について語るとき、僕はこの本屋さんのことを書かないわけにはいきません。100年先の未来まで語り継ぎたい書店なのです。

◉一頁堂書店 ☎ 0193-42-4189

名勝・厳美渓の

空飛ぶ郭公だんご

一関

岩手県最南端の一関市で、国の名勝・天然記念物に指定されているのが、厳美渓《げんびけい》です。厳美渓は、栗駒山を源とする磐井川《いわいがわ》が巨石を侵食してつくった2キロにわたる渓谷で、上流の荒々しい流れと下流のゆったりした淵の対比が見事な景観を見せています。仙台藩主の伊達政宗も美しい景観を褒めたと伝えられています。

ここの名物が「郭公《かっこう》だんご」。明治40年創業の郭公屋から、渓流を隔てて反対側の東屋までロープが張られ、ロープに下げてある籠に注文と代金を入れて木槌を鳴らすと籠が引き上げられます。しばらくすると、注文した団子とお茶がロープを伝い、渓流を横断して届けられる仕組みです。

コウさんも試しに買ってみることに。「なるほど、串団子なんだ」。あんこ、

あれ、なんか
桶みたいのが
浮いてるぞ

手動なんだ、
結構すごい
速さです

秘境感もあって
最高だね

ごま、みたらしの3種類の団子にお茶がついてきます。
「絶景を楽しみながらのちょっとしたイベントですよね、これ」とご満悦のコウさんです。

◉郭公だんご
一関市厳美町字滝ノ上211　☎0191-29-2031

もちの郷のおもてなし

ハレの日も、人生の節目にも

一関

100年ゴハン
file.6

東北有数の穀倉地帯である一関市は、独特なもち文化があることで知られています。お祭りやお正月などの年中行事や冠婚葬祭だけでなく、ことあるごとにもちをつくのです。

代表的な郷土料理「もち本膳」は、食べる順番や作法が決まっています。まず小豆の赤で邪気を払い、10年長生きできるとされる「じゅうねん（えごま）」を食べ、雑煮で締めるといった具合です。

杵はもちに対して直角に。ゆっくりでいいですよ
結婚式でもついたんですか

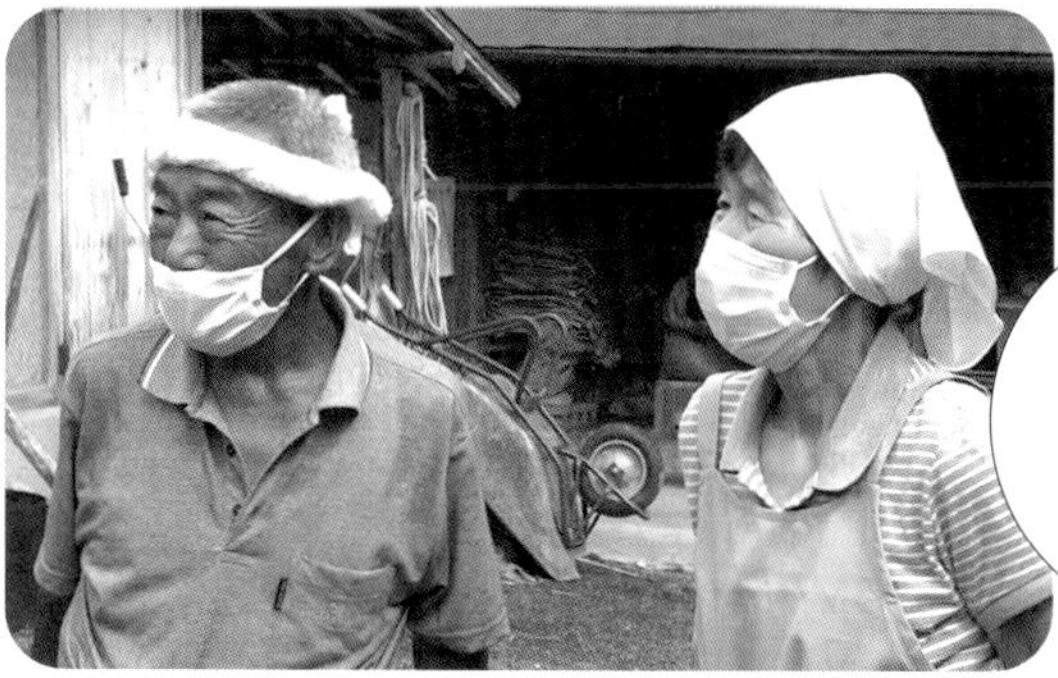
もちろん。私達の結婚式は3日間あったから

もちを愛する千葉さんのお宅を訪ねると……聞こえてきたのは、杵と臼でもちをつく音。千葉平さん栄子さんご夫婦が、コウさんのためにもちをついてくれていました。

「おもちは普段からよく召し上がるんですか」とコウさん。

「月に2~3回はね」と栄子さん。

かつて一関の結婚式では、家族、友人、近所の人が別々の日にやってきては、つきたての「迎えもち」を花嫁にふるまったといいます。そのため式が3日かかったというのです。

コウさんももちつきをお手伝いすることに……つくこと15分、ふっくら出来あがりました!

一家総出のご馳走作り
七彩のもちの味

こういう
食べ方が
あるんで
すね
沼えび

お豆の
フレッシュ
な香り、
濃厚な味
ずんだ

もちつきの日、千葉家には遠方からも親戚が集まって来ます。この日も福島から平さんの弟・茂さんが駆けつけてくれました。茂さんは「クルミだれ」の担当、さっそく庭で採れるオニグルミを割り始めました。

「ずんだあん」の担当は親戚の加瀬谷トモ子さん。近くの畑で採れたばかりの枝豆を使います。

千葉家のもちの美味しさは、平さんが栽培しているこがねもち（もち米）を天日で自然乾燥し、昔ながらのかまどで炊き上げるからこそ。贅沢な素材を大切に扱い、家族で手分けして7つの味のもち料理ができました。

「甘い系から始まって、しょっぱい系に入って。んで、雑煮をすす

あんこ

クルミもち

ツナ

納豆

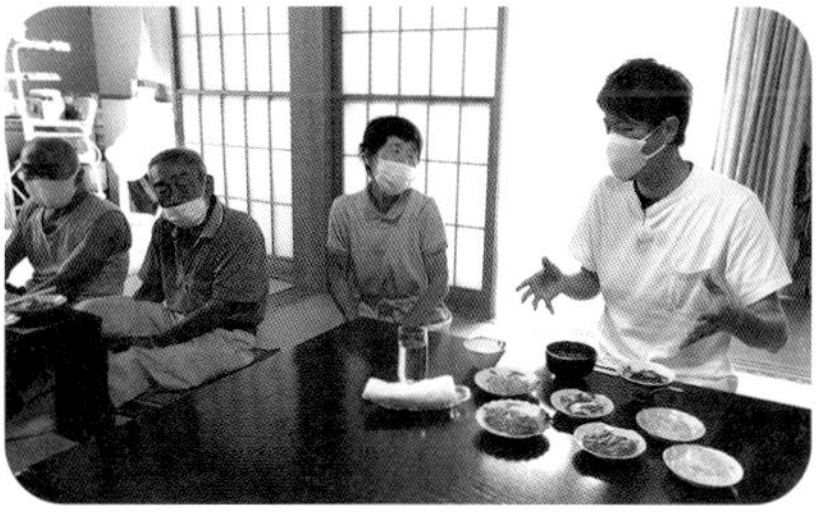
千葉さんの定番のもち料理８種

じゅうねん（えごま）

って仕上げる」と平さん。

緑鮮やかなずんだから手をつけたコウさん。クルミ、あんこから沼えびと続き、最後に大根、にんじん、ごぼうのささがきの入るさっぱり味のお雑煮へ。

「みんなが集まってくれるから、美味しいものを用意しなくちゃという気持ちになるんです」と平さん。

一家総出でもちをつき、多彩な味付けで楽しむもち文化は、絆をつなぐご馳走です。

遠野盆地の風土を生かして

民話の里とビール

遠野

河童《かっぱ》や座敷童子《わらし》が登場する柳田國男の『遠野物語』の舞台となった遠野市は、民話の里としてよく知られています。

北上高地に囲まれた遠野盆地は、寒暖の差が大きく、気温が一日20度近く上下することもあります。霧に包まれる風景は幻想的です。

この気候を生かして栽培されているのがビールの原料となるホップ。ホップは、高さが10メートルになることもあるクワ科の植物で、毬花《きゅうか》という部分がビール独特の苦味や芳香の原料になります。また、ホップの苦味成分には、ビールの泡立ちをよくしたり、細菌やカビをおさえる作用もあります。

遠野でホップ栽培が始まったのは1963年。昔から冷害の多い遠野

では、風土に適した作物を探していました。目をつけたのがホップだったのです。

以来、遠野では半世紀以上にわたってホップが作られ続け、現在、日本で生産されるホップの約半分が岩手県で栽培されています。

コウさんは、栽培歴45年以上、遠野ホップ農業協同組合組合長の菊池一勇さんの畑を訪ねます。

ベテランと若手がつなぐ

遠野ホップの未来

遠野

No.1食材

ホップ畑では、ちょうど菊池さんがホップを作り始めたばかりの中村友隆さんに教えているところでした。

1日に30センチも伸びることがあるホップは、枝をこまめに切って風通しや日当たりをよくするといった細かな手入れが必要です。

また、どんどん伸びる蔓《つる》が垂れ下がらないよう、ホップの枝のてっぺんまで上がって支柱に巻きつけるのも大切な作業。多くの栽培農家は高所作業車で行いますが、菊池さんはこれを、なんと5メートルの竹馬に乗って行います。高所作業車では10時間かかる作業が、竹馬なら5時間で終えられるのだとか。

中村さんはホップ農家になるた

これができるのは遠野では菊池さんだけ
うわうわうわわ。信じられない

ホップの特性は、ルプリンに集約されているんですね
ビールの命です

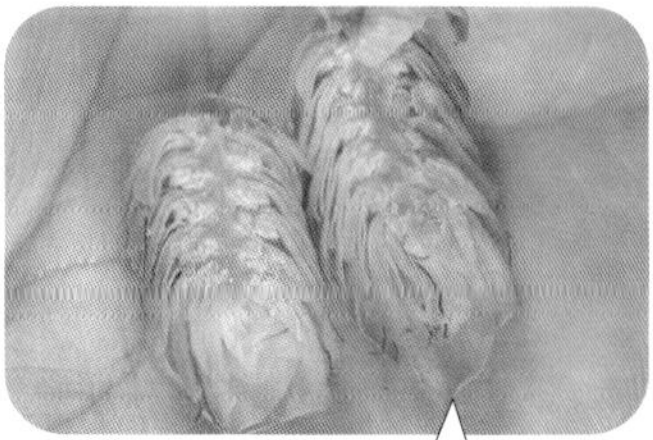
毬花です。中の黄色いルプリンが苦味や爽やかさの素

めに遠野にやってきた移住組。東京の大学を出て名古屋で働いていた時、遠野市が次世代のホップ栽培者を募っていることを知り就農。夢を持って畑の経営を始めました。

ベテラン農家が栽培技術を惜しみなく伝え、ホップ農家として独立できるよう支えていこうという取り組みは、町の活気にも一役買っています。

遠野の焼き肉といえばこれ

バケツコンロでジンギスカン

遠野で焼き肉というとラムです
人と人とをつなぐジンギスカン、いい文化ですねえ

中村さんに、「遠野にはビールにぴったりの地元の名物がある」と聞いて、コウさんも一緒にスーパーに。そこに並んでいたのは大量のラム肉。しかも、500グラム以上購入すると鍋を無料で貸してくれると言います。バケツにジンギスカン鍋をかぶせるという遠野独特なスタイルです。

かつて毛織物業が盛んだった遠野では、たくさんの羊を飼育していたため、ジンギスカンが広く食べられるようになったのです。

地ビールとジンギスカン鍋の焼き肉パーティには、組合長の菊池さんと中村さん、やはり移住組の二人も集まってくれました。

「都会の喧騒から離れて悠々自適にやっています」と　埼玉から来

カンパーイ！

フルーティな香り！これが遠野の地元のビール！

た里見一彦さん。

「岩手全般に言えますけれど、料理が美味しいですね。移住してからかなり太りました」と千葉から来た渡部智秋さん。

そんな若者たちを見守る菊池さんは、「ホップの収穫が終わるとジンギスカン鍋を20くらい並べ、畑に出ている人全員でパーティをやるんですよ」と嬉しそうです。

ギンザケの大人のビール蒸し、ちょいほろ苦スパイシー

東北の人たちにとって、鮭は、お正月料理に欠かせない特別な魚でもあります。
その鮭（ギンザケ）をメインに、レモンやハーブ、そして、番組では地元のホップをきかせた地ビールを、ちょっと大胆に使ってみました。
岩手の未来を担うみなさんを励ましたい、そんな想いを込めて作った一品です。

すごく美味しいです。食べたことない味です

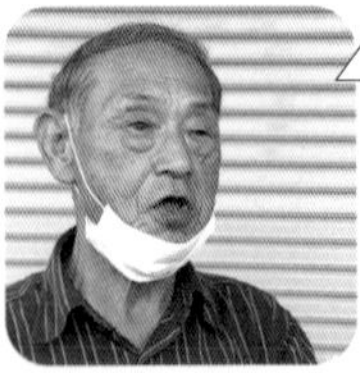
お〜、新鮮な味だ、うん

〈材料〉

ギンザケ……4切れ
玉ねぎ……½個
赤パプリカ……½個
じゃがいも……1個
トマト……2個
ローリエ……1枚
クミンシード……小さじ1

ハーブ（パセリ、ディルなど）……適量
レモン（くし形）……4個
黒オリーブの実……16粒
地ビール……½本ほど（330㎖入）
塩、粗挽き黒胡椒……各適量
バゲットなど好みのパン……適量

A
ターメリック、コリアンダー……各小さじ1
パプリカパウダー……小さじ1
カイエンペッパー……少々
ニンニクすりおろし……1かけ分
塩……小さじ½
オリーブオイル、酒……各大さじ2

〈作り方〉

①Aの調味料を混ぜ合わせておく。
②ギンザケは1切れを2等分にカットし、Aの半量を塗っておく。
③玉ねぎは薄切り、パプリカは縦に細切り、じゃがいもは5ミリ幅の輪切り、トマトは7～8ミリ幅の輪切りにする。
④鍋（フライパン）に玉ねぎ、パプリカ、じゃがいも、トマトの順に重ねて、その都度軽く塩をする。クミンシード、ローリエを入れ、②のギンザケ、残りのAを回しかけ、黒オリーブの実をちらす。
⑤ビールを注ぎ、蓋をして15分ほど蒸し煮にする。塩で味をととのえる。
⑥器に盛り付け、レモン、刻んだハーブ、粗挽き黒胡椒をちらし、バゲットを添える。

現場で作る料理は新しいエッセンスを「ほんのちょっと」

旅番組に出演すると、ディレクターからよく「コウさん、この市場を歩いて、気になる食材からインスパイアされる料理を作ってください」と言われることがあります。でも実のところ、そんな気持ちになることはあまりありません。

僕は忙しい日々の中、家庭でゴハンを作られるみなさんが少しでも楽になるようなレシピを提案させていただいております。なので、たとえばシェフのように食材から創作意欲が湧いたり、新しいメニューが浮かんできたりするということではないのかもしれません。

旅先で作る料理も、「食材ありき」というよりは「人があっての食材」だと感じることが多いです。だから、食材を作っている人とじかにお話をしたり、触れ合ったりしているうちに、「あ、こんなふうに作られた食材を食べてもらうなら……」という順番の発想になります。

海外で料理をするときは、日本の味とその地域の素材をうまく活かせるようにと考えますが、「100年ゴハン紀行」の舞台は国内です。和食を作ってしまうと、みなさんが普段召し上がる料理と代わり映えしません。生産者のみなさんには、ちょっとだけ新しいエッセンスを加えた料理を味わっていただきたい。日本だからこそ、アジアやヨーロッパでの僕の旅の経験と、列島各地の食文化とがうまくミックスされた料理を提供したいと考えています。

日常で提案しているレシピでは、素材も調味料も特別なものは絶対に使わないようにしていますが、番組では、「いつもとは少しだけ違う料理を」と思うので、スパイスをあえて使ってみたりします。

ちなみに、番組スタッフは、メインディレクターが一人とサブディレクターが一人。だいたいいつも10人くらいで動いています。朝から夜まで毎日一緒なので、家族のように仲良くなりました。僕の素材についての考え方や、生産者のみなさんへの思い、料理へのスタンスもすっかり理解してくれています。

未来につながる伝統と革新

100年ゴハンには昔から受け継がれてきたものと新しく創り出したものとの融合が大切だと思います。サーモンの養殖にしても、ホップの栽培にしても、それが上手くいっていると感じます。新しい挑戦へ飛び込む若者の情熱、それを受けとめるベテラン。ともに未来のためを思って取り組む姿があって——岩手の旅は、100年ゴハンのテーマに迫る出会いがいくつもありました。

復興も未来も託して

金﨑拓也さんと大槌のみなさんのサーモン

魚の養殖は、普通は海辺ですよね。しかし、大槌町では、なんと山でサーモンを養殖しています。震災で大きな被害を受けて仕事が激減した建設業の方々を中心に、使われなくなっていた養殖場を改築するところからのスタートでした。

かつては三陸の川に戻ってきていた鮭をまた産業にしたい、新しい雇用を生みたい、地域を担っていく子どもたちに将来の仕事を作りたい――いろいろな思いを込めた取り組みでした。

だから、「よくここまで……」と胸が熱くなりました。僕にはサーモンが輝いて見えた。

先日、東京のいつも買物に行くスーパーで「大槌サーモン」が売られていたんです。感動の再会です。大槌の人たちのことを思い出して、また胸の奥が熱くなりました。

「日本昔ばなし」に出てくるような

千葉さん一家の7種類のもち

冠婚葬祭のときだけでなく、月に2～3回はおもちをつくという千葉平さんのご家族。昔の嫁入りの時は――といってもほんの数十年前の話ですけれど、式が3日間続き、もちをついてふるまったと聞いて、「日本昔ばなし」みたいだなと思いました。（笑）

お米文化の中でもおもちはやっぱり格別な存在

だと思いますが、一関のあたりは、さらにもうひとつ深い「もち文化」があるようです。

そんななかで平さんのお孫さんがテレビカメラの前で、恒例のもちづくりを「受け継いで行こうとは考えてないけれど、もちは好き」と悪気なく本音をぽろっと口にしたのが、とても自然で、リアルでいいなと思いました。「日本昔ばなし」から現代に連れ戻してくれます。

放映後に「あの地域の出身ですが、あそこまで頻繁にはもちを食べない」と教えてくれる方がいました。だとすると、千葉さん一家は特におもち好きなのかもしれません。福島から駆けつけてきた平さんの弟の茂さんは、見るからにおもちが好きそうでした。もしかしたら、ご家族が頻繁にもちを作るのは、あの茂さんがカギを握っているのではないかと僕は思っています。（笑）

移住者との世代を越えた交流

菊池一勇さんと若者たちのホップ

都会を離れて地方で農業などに取り組む若い世代が増えています。遠野で出会った3人もそうでした。いまのSNS世代はドライでバイタリティがないと思われるかもしれませんが、じつは熱い情熱をもっている方も多くいらっしゃいます。

それでいて軽やかに取り組んでいるところが、素敵です。そうじゃないと続けられないと思うから。自然を相手にする仕事は、情熱をかければすべてがうまくいく、というわけでもありません。軽やかな気持ちで自然と接することで、忍耐強く取り組める面もあるのではないでしょうか。

そして、地元で尊敬されているベテラン農家の菊池一勇さんが就農した若者を応援する姿は、本当に格好いいのです。50歳も年が離れている若い人たちとの交流、もっといえば師弟関係に、ぐっときました。菊池さんのように厳しく、そして温かく見守る人がいると、若い人たちも夢をもって農業に取り組めるのではないかと思います。

あのホップの爽やかな香りと苦味は、世代間を埋める香りでもあったんじゃないかという気がしてきました。みんなと一緒に飲んだビール、本当に美味かったなあ。

コウさんは晴れ男

岩手県は本州で最も面積が広い。夏になると北東の海から冷風「やませ」が吹きよせ、沿岸部と内陸部とでは気候も異なり、変動しやすい。

コウさんと我々撮影クルーがロケに出発したのは七月下旬。ほぼ毎日、雨の予報だった。

この番組は天候との葛藤ばかりだ。今回のロケも雨を避けたい日があった。大槌のサーモン養殖場、吉里吉里のウニ漁、遠野のホップ農園、そしてラストシーンの厳美渓――。

天気図を睨み、日々、スケジュールを組み換えながらの強行ロケは綱渡りの連続だった。

でも不思議なことに、コウさんが現場に着くと雨が止み、撮影が終わるとまた雨が降り出す。一度ならず二度、三度あ

ると、まさに天恵である。厳美渓では、終わった瞬間に豪雨になった。ほんとうに笑い出したくなるようなタイミングで。

どうやらコウさんは幸運を呼び込むパワーの持ち主らしい。いわゆる「晴れ男」と呼んで間違いない。私はこれまで数々の番組で「雨男」といわれ続けてきたので、汚名をそそげて、とても安堵した。

番組プロデューサー　菊池　裕

写真／菊池　裕

おわりに

豊かな食との豊かな出会い

千葉県と岩手県を旅して、想像もしなかった食の生産現場と、たくさんの料理にめぐりあいました。

僕の料理の幅も広げてくれています。これまで考えられなかったようなレシピが浮かんでくるに違いない、という実感があります。

そして、旅で出会った皆さんのいきいきとした様子に触れて、何ごとも自分自身が楽しむことが大事だと深く感じます。

人生のこれまでやつらい経験を話してくださった方もいます

が、そのうえで皆さん、自分の今を楽しんでいらっしゃる。人は誰かに励まされながら誰かを励ましているし、励ましながら励まされているのではないでしょうか。

「日本100年ゴハン紀行」によって、あなたの生活が根底から変わったり、何かが解決したりすることはないと思います。けれども、シンプルに「すごいな」とか「なんだか元気づけられた」と感じていただけたら嬉しいです。そして「千葉でアレを食べてみたい」とか「岩手のあの景色を見てみたい」と思われましたら、ぜひ本書とともにお出かけください。

僕の旅は始まったばかり。次はみなさんの「地元」でお目にかかるかもしれません。これからも100年先まで残したい食を日本各地に探します。

コウケンテツ

■番組制作スタッフ

出　演　　　コウケンテツ
ナレーション　美村里江

撮　影　　　勝 正輝　石島卓也
音　声　　　丸山洋平
音響効果　　髙橋幸輝
編　集　　　新谷拓治
取　材　　　北川雅朗　小山将太郎
　　　　　　對比地美和　大橋 祐

ディレクター　小宮弘之
プロデューサー　菊池 裕

制作統括　　林 幹雄（千葉編）
　　　　　　白井 潤（岩手編）
　　　　　　宮川麻里奈

制　作　　　ＮＨＫエンタープライズ
制作協力　　グループ現代
制作・著作　ＮＨＫ

■書籍制作スタッフ

企画・装幀　山口昌弘
構　成　　　戸矢晃一
イラスト　　池谷夏菜子
ＤＴＰ協力　市川真樹子
本文デザイン　MOUNTAIN

編　集　　　黒田剛史　小林裕子

＊本書は、NHK BS「コウケンテツの日本100年ゴハン紀行」（「早春の恵みを満喫！房総半島」「真夏の味覚を満喫！岩手」）をもとに書籍化したものです。＊本書に掲載した店舗や生産者等の情報は、刊行時点のものです。

写真提供／菊池 裕

コウケンテツの日本《にっぽん》100年《ねん》ゴハン紀行《きこう》

千葉《ちば》 房総半島《ぼうそうはんとう》　岩手《いわて》 三陸《さんりく》・遠野《とおの》

2023年7月10日　初版発行

著　者　NHK「コウケンテツの日本《にっぽん》100年《ねん》ゴハン紀行《きこう》」制作班《せいさくはん》

発行者　安部順一

発行所　中央公論新社

〒100-8152 東京都千代田区大手町1-7-1

電話……販売 03-5299-1730　編集 03-5299-1870

URL https://www.chuko.co.jp/

印　刷　大日本印刷

製　本　小泉製本

Published by CHUOKORON-SHINSHA, INC.
Printed in Japan ISBN978-4-12-005672-7 C0095